Ulrich Sautte

Wein A–Z

Die 400 wichtigsten Fachbegriffe

Hallwag

Vorwort

Wein ist reich an Bezügen, reich an Themen wie kaum ein anderer Gegenstand unseres täglichen Lebens: Er ist Genuss, bringt uns Geschichte nahe und Chemie, macht Klimaforschung und Bodenkunde erfahrbar, schafft Freundschaften und ist ein Teil der Wirtschaft, weckt sogar sportlichen Ehrgeiz und birgt unter seinem sinnlichen Gewand eine Menge philosophischer Anschauungen. Er kann begeistern.

Diese Begeisterung in Worte zu fassen, dabei möchte »Wein A–Z« behilflich sein. Das Buch richtet sich an einen Leser, der über Wein nur wenig wissen muss, der aber über das Produkt, das ihm so gut schmeckt, viel wissen will. Den wichtigsten Schlagworten wurde eine eigene Seite eingeräumt. Auch sonst wurde im Zweifelsfall einer etwas ausführlicheren Darstellung der Vorzug gegeben, statt eine große Zahl von Fragen nur zu streifen. »Wein A–Z« ist daher nicht nur ein Nachschlagewerk, sondern auch ein Lesebuch geworden – im kleinen Format.

Weinkennerschaft beginnt mit der Neugier und der Lust, selbst zu riechen und zu schmecken. Absicht dieses kleinen Buchs ist, dem sinnlichen Vergnügen am Wein ein Wörterbuch zu geben, eine Übersetzungshilfe und ein Vokabelheft, das mit eigenen Notizen weitergeschrieben werden kann.

Abbeeren Trennen der Beeren vom Stiel der Traube am Beginn der → **Rotweinbereitung**. In der »Abbeermühle« – eine Maschine, die die Beeren zugleich quetscht – entsteht eine → **Maische**. Der Vorgang des Abbeerens mag nebensächlich erscheinen, er hat jedoch weitreichende Auswirkungen: Das Mitvergären der Stiele ergäbe einen robusteren Rotwein mit weitaus mehr → **Tannin**. Auch Weißwein-Traubengut wird meist abgebeert, und zwar direkt vor dem → **Pressen**. Als Alternative ist jedoch das Verfahren der Ganztraubenpressung weit verbreitet.

Abgang Nachhaltigkeit von Aroma und → **Struktur** eines Weins. Länge und Intensität des Abgangs sowie seine harmonische Übereinstimmung mit dem Geruch sind Qualitätsmerkmale von großer Bedeutung. Anders als die bildhafte Bezeichnung nahelegt, ist es allerdings nicht notwendig, einen Wein zu schlucken, um den Abgang zu beurteilen. → **Sensorik.**

Acetaldehyd wichtige Substanz der Weinchemie. Aus dem Alltag ist sie in besonders unangenehmer Form durch ihren Beitrag zum Entstehen eines Katers bekannt. Auf angenehme Weise tritt sie hingegen im Duft des → **Sherry** in Erscheinung. In beiden Fällen entsteht Acetaldehyd durch → **Oxidation** des → **Ethylalkohols**. Acetaldehyd weist einen durchdringenden Duft nach angebissenem Apfel auf. Einfache Weine beginnen in einer angebrochenen Flasche meist schon über Nacht, einen solchen Ton anzunehmen. Auch Weine, die während des Ausbaus im → **Fass** ungenügend gepflegt wurden, entwickeln diesen als → **Luftton** bekannten → **Weinfehler**.

Aglianico unterschätzte rote Traubensorte aus → **Süditalien**. Die möglicherweise aus Griechenland, dem antiken Hellas, stammende Sorte (der Name »Aglianico« ist aus dem Adjektiv »hellenico« entstanden) bringt in

AOC

Früher war es üblich, dass der Weinhandel Weine im → **Fass** kaufte und sie selbst abfüllte. Was die Händler dabei aufs → **Etikett** schrieben, blieb ihrer Ehrlichkeit überlassen. So entstand bei den Weinkennern der Wunsch nach verlässlichen Kontrollmechanismen. Das weltweit vorbildliche System einer staatlichen Kontrolle von → **Herkunft** und Weinqualität wurde in → **Frankreich** erfunden: die »Appellation d'Origine Contrôlée«, kurz AOC. 1923 wurde die erste AOC eingerichtet, und zwar für den → **Châteauneuf-du-Pâpe**. Im Lauf der dreißiger Jahre wurde das System auf die meisten anderen wichtigen Weine Frankreichs übertragen. Der Gesetzgeber entwarf für jede Ursprungsbezeichnung ein Statut, das die exakte Ausdehnung der Weinberge festschreibt, deren typische Bewirtschaftungsformen, die Rebsorten, den maximalen → **Ertrag**, den Mindestalkoholgehalt und zuweilen selbst die ortsüblichen Mittel der → **Kellertechnik**. Die Kontrolle darüber, ob diese Vorschriften auch eingehalten werden, obliegt seit 1935 einer Nationalbehörde, dem INAO (Institut National des Appellations d'Origine). Das französische Beispiel hat weltweit die Gesetzgebung inspiriert, z.B. in Italien (→ **DOC**, → **DOCG**), Spanien (→ **DO**, → **DOCa**) und Portugal (→ **DOC**). Namensgleiche AOC-Statute existieren auch in einigen Kantonen der → **Schweiz**.

!! Der Geist des AOC-Prinzips wird daran ersichtlich, dass man auf dem Etikett besserer französischer Weine selten eine Angabe über die Rebsorte, über eine → **Geschmacksrichtung** oder über die Art des → **Ausbaus** findet. Mit der Angabe der Herkunft gilt der Weintyp als deutlich genug beschrieben. Das AOC-System setzt den kenntnisreichen, mündigen Bürger voraus – der auch in Sachen Wein weiß, was er will.

den Regionen Kampanien (Taurasi → **DOCG**) und Basilikata (Aglianico del Vulture → **DOC**) auf → **Vulkangestein** einen würzigen Rotwein hervor, der viel → **Tannin** besitzt und sich gut zur → **Flaschenreife** eignet.

Ahr deutsches Anbaugebiet südwestlich von Bonn, 520 Hektar. Bekannt ist das Ahrtal vor allem für seinen → **Spätburgunder**, der durch den Einfluss des → **Schiefers** im Boden eine delikate → **Frucht** und eindrückliche → **Mineralität** ausbildet.

Airén meistangebaute Rebsorte weltweit. Dabei kommt die kaum bekannte und qualitativ wenig bemerkenswerte weiße Traube fast nur in → **Spanien** vor, auf 370 000 Hektar, vor allem im riesigen Gebiet La Mancha.

Albariño, auch **Alvarinho** in den letzten Jahren in Mode gekommene weiße Traubensorte, die vor allem in der nordspanischen Region Galicien (Rias Baixas → **DO**) und in → **Portugal** (in manchen Weinen der → **DOC** → **Vinho Verde**) aromatische Weine mit viel → **Körper** hervorbringt.

Amarone Rotwein aus der norditalienischen Region Valpolicella, der aus getrockneten Trauben der lokalen Sorten Corvina, Rondinella und Molinara bereitet wird. Zwei bis drei Monate lang lassen die Produzenten unter stetiger Luftzufuhr die vollreifen Trauben auf Strohmatten oder in flachen Kistchen trocknen. Durch diese natürliche Konzentration (die Weinbeeren büßen etwa 30 Prozent ihres Wassergehalts ein) entsteht Wein mit besonders viel → **Extrakt** und einem Alkoholgehalt von bis zu 17 Volumenprozent.

Anreicherung Zugabe von → **Zucker** oder → **Mostkonzentrat** zu einem → **Most**, der weniger Zucker enthält, als zum Erreichen eines passenden Alkoholgehalts wünschenswert wäre. Anreicherung ist in den meisten Weinbauländern legal. Allerdings untersagt das deutsche Weinrecht für → **Prädikatsweine** die Anreicherung. Bei der → **Rotweinbereitung** dient das Zuckern jedoch oft nicht der Erhöhung des Alkoholgehalts, sondern ist ein einfaches Mittel, um den Verlauf der → **Gärung** und damit die → **Extraktion** des Weins zu beeinflussen.

AOC → **Seite 4**

Argentinien flächenmäßig größtes Weinbauland in Südamerika, 210 000 Hektar. Entlang der Wasser spendenden Anden wachsen Reben bis in über 1000 Metern Höhe. In solchen Höhenlagen ist das generell eher heiße und trockene → **Klima** gemildert – gerade weiße Trauben bilden so während langsamer Reife viele Aromastoffe. Argentiniens Weinbau geht auf das 16. Jahrhundert zurück, italienische Einwanderer haben ihn beeinflusst. Doch erst seit wenigen Jahren entstehen → **Qualitätsweine**, vor allem im Anbaugebiet Mendoza. Ihr Anteil an der Gesamtproduktion beträgt noch immer weniger als 20 Prozent. Beachtenswert sind → **Chardonnay** und → **Malbec**.

Aromaböckser ein Fehlton (→ **Böckser**), der das Aroma einer Rebsorte auf eine Art verstärkt, die je nach persönlicher Vorliebe auch als angenehm empfunden werden kann. Manche → **Sauvignon-blanc**-Weine zeigen beispielsweise einen intensiven, beinahe beißenden Duft nach Schwarzer Johannisbeere.

Aromahefe speziell gezüchtete → **Hefe** (→ **Reinzuchthefe**), die als Nebenprodukt der → **Gärung** Aromastoffe bildet. So kann dem Duft eines Weins mit technischen Mitteln nachgeholfen werden, etwa mit Aromen von Grapefruit oder Aprikose.

Assemblage hochwertige Form des → **Verschnitts.** Anders als beim einfachen Verschnitt stammen alle Grundweine aus demselben Keller – und sie wurden von Anbeginn für den Zweck ihrer späteren Vereinigung geschaffen. Beim Assemblieren wird der Anteil der einzelnen Weine aufgrund genauer Vorproben so gewählt, dass das Resultat den natürlichen Bedingungen eines Weinguts oder einer → **Einzellage** den höchstmöglichen Ausdruck verleiht.

Ausbau die Phase zwischen Abschluss der → **Gärung** und der Abfüllung in Flaschen. Der Ausbau nimmt wesentlichen Einfluss auf die spätere Entwicklung des Weins. Vor allem die Frage, ob während dieser ersten Reifeperiode ein Edelstahltank, ein großes → **Fass** oder → **Barriques** zum Einsatz kommen, spielt eine große Rolle.

Auslese in → **Deutschland** ein → **Prädikatswein**, für den nur sehr reife und edelfaule Trauben »ausgelesen« werden. Selten als → **trockener Wein**, dann mit hohem Alkoholgehalt. Die besten Auslesen – bekannt für ihr Spiel von → **Süße** und → **Säure** – stammen aus der Rebsorte → **Riesling**. In der → **Schweiz** wird die Bezeichnung meist für trockene Rotweine verwendet – und nimmt weniger auf die Traubenreife, sondern auf die beste im Keller liegende Partie eines → **Jahrgangs** Bezug. → **Edelfäule**.

Australien Weinbaukontinent, der durch das rapide Wachstum seiner Rebfläche auf sich aufmerksam macht (von 60000 auf 140000 Hektar innerhalb eines Jahrzehnts) und durch den tabulosen Umgang mit → **Kellertechnik** und Marketing. Australiens Weinbau wird von industriellen Großunternehmen dominiert. Sie verschneiden häufig Weine, die hunderte von Kilometern voneinander entfernt gewachsen sind. So lassen sich in großer Stückzahl Weine herstellen, die unabhängig vom → **Jahrgang** in ihren Eigenschaften konstant wie eine Marke sind. Oft tra-

Barrique

In der Hand kundiger Produzenten ist dieses kleine → **Fass** (225 Liter Inhalt) aus → **Eiche** ein ideales Handwerkszeug für den → **Ausbau** von Wein. Vor allem in den ersten Jahren nach seiner Fertigung lässt ein Barrique durch die Poren des Holzes hindurch kleine Mengen → **Sauerstoff** an den Wein. Bei Rotweinen werden so die → **Tannine** verfeinert, und ihre → **Farbe** gewinnt an Intensität. Weißweine füllen die Winzer häufig schon während der → **Gärung** ins Barrique, im anschließenden → **Ausbau** nützen sie die zur Ruhe gekommene → **Hefe**, um den Wein zu klären und abzurunden (→ **Bâtonnage**). Im letzten Jahrzehnt kamen starke (leider oft auch übertriebene) Barrique-Noten in Mode: Neue Fässer markieren den Duft eines Weins mit kräftigen Vanille-Tönen der Eiche und den Röstnoten des → **Fassbrands**.

gen solche Typenweine die Bezeichnung »Bin« plus eine dreistellige Zahl. Allerdings gewinnen inzwischen auch individuelle Weine, die den Charakter ihrer → **Herkunft** spiegeln, an Bedeutung. Die bekanntesten Anbaugebiete liegen im Südosten des Kontinents (Clare, Barossa, Hunter, McLaren, Coonawarra) und im äußersten Südwesten (Margaret River). Unter qualitativem Aspekt sind Shiraz-Weine (→ **Syrah**) am interessantesten. Zuweilen wirkt sich das mit Sonnenstunden verschwenderische → **Klima** Australiens negativ aus – durch zu hohen Alkoholgehalt.

Baden drittgrößtes und südlichstes deutsches Anbaugebiet, 16000 Hektar. Baden gliedert sich über eine Nord-Süd-Ausdehnung von annähernd 400 Kilometern in acht Bereiche – entsprechend vielfältig sind die Weine. Die im Norden Badens gelegene Ortenau ist vor allem für ihren auf → **Granit** gewachsenen mineralischen → **Riesling** bekannt. Hochwertige → **Weißburgunder**, → **Grauburgunder** und → **Pinot noir** wachsen auf → **Vulkangestein** und → **Löss** am Kaiserstuhl bei Freiburg. Der Stil dieser Weine lässt den Einfluss des nahen → **Frankreich** erkennen. Weiter südlich im Markgräflerland dominiert der bodenständige Gutedel **(→ Chasselas)**. Das besondere → **Klima** des Bodensees bringt in Höhen bis über 500 Meter über dem Meer eleganten → **Müller-Thurgau** hervor.

Barbaresco hochklassiger Rotwein aus dem → **Piemont**, im Ort Barbaresco und drei seiner Nachbargemeinden (insgesamt knapp 500 Hektar) aus der Rebsorte → **Nebbiolo** gekeltert. Der Barbaresco weist Ähnlichkeiten zum → **Barolo** auf: Er hat einen fast ebenso hohen Gehalt an → **Tannin**, reift jedoch in der Flasche etwas früher als dieser und wird dabei besonders duftig. Laut → **DOCG**-Regular darf Barbaresco zwei Jahre nach der Lese in Verkauf gebracht werden, Wein mit der zusätzlichen Bezeichnung → **Riserva** erst nach drei Jahren.

Bordeaux

Das weltweit größte geschlossene Anbaugebiet für → **Qualitätswein** ist ein 150 mal 80 Kilometer großes Rebenmeer: In 30 unterschiedlichen → **AOC**-Gebieten wachsen 110 000 Hektar Reben. 80 Prozent der Produktion entfallen auf Rotwein. Vier verschiedene → **Klassifikationen** teilen die Weine in Güteklassen. Geographisch lassen sich grob vier Gebiete unterscheiden: Das → **Médoc** nördlich der Stadt Bordeaux und im Westen des Flusses Gironde wird von der Rebsorte → **Cabernet Sauvignon** dominiert. Hier wachsen viele der legendären Rotweine. Ähnlich berühmte Rote – jedoch überwiegend aus → **Merlot** – produziert das → **Libournais** am östlichen Ufer der Gironde. Aus der südöstlichen Region Bordeaux' kommen vor allem einfache Weine, etwa der leichte Weißwein Entre-deux-Mers und die Rotweine der Premières Côtes de Bordeaux. Überwiegend dem Weißwein – und damit den Sorten → **Sauvignon blanc** und → **Sémillon** – widmet sich der Südwesten des Bordelais: In der Region → **Graves** und dort in der Doppelgemeinde → **Pessac-Léognan** wachsen die einzigen trockenen Weißweine aus Bordeaux, die als → **Crus classés** anerkannt sind. Ganz im Süden zuletzt schließt sich noch die Region des → **Sauternes** an, eines kostspieligen → **edelsüßen** Weins.

Die gut 300 Jahre alte Geschichte des Qualitätsweinbaus in Bordeaux war stets von einer Balance zwischen den rund zweihundert → **klassifizierten** → **Châteaux** und weit über 10 000 bäuerlichen Betrieben geprägt. Letztere trugen zum Mythos Bordeaux mit soliden Alltags-Weinen bei und konnten im Sog der großen Namen gut leben. Dieses Gleichgewicht ist momentan gestört: Während die Preise für klassifizierte Weine stark gestiegen sind, kämpft die Mehrheit der Betriebe gegen ihr fehlendes internationales Prestige – und einen Preisverfall, der ihre Existenz bedroht.

Barbera beliebte rote Traube des → **Piemont**, die gleichnamige fruchtbetonte Weine hervorbringt. Selbst einfache Barbera-Weine gefallen durch Kraft und sympathischen Sauerkirschduft. Früher waren solche Weine, etwa die auf fast 10000 Hektar produzierten Barbera → **DOC** aus Asti oder aus dem Monferrato, alltägliche Getränke auf einem norditalienischen Mittagstisch. In den letzten Jahren gewannen jedoch anspruchsvollere Barbera an Bedeutung: aus → **Einzellagen** stammende, im → **Barrique** ausgebaute Weine, die sich für lange Lagerung eignen. Außer in Italien (50000 Hektar) wächst Barbera auch in → **Kalifornien** (10000 Hektar).

Barolo hochwertiger, legendärer und teurer Rotwein aus dem → **Piemont**, der auf den Hügeln um den Ort Barolo und vier seiner Nachbargemeinden (knapp 1200 Hektar) wächst und aus der Rebsorte → **Nebbiolo** gekeltert wird. Der Barolo verbindet auf einzigartige Weise einen geradezu mächtigen → **Körper** mit hohem Gehalt an → **Tannin** und einer von dezent blumigen Noten unterlegten, vielschichtigen → **Frucht**. In seiner Jugend ist er unzugänglich. Darum schreibt das Statut der → **DOCG** vor, dass Barolo erst drei Jahre nach der Lese in Verkauf gebracht werden darf, Wein mit der Bezeichnung → **Riserva** sogar erst nach fünf Jahren. In beiden Fällen sind zwei Jahre Reifezeit im → **Fass** vorgeschrieben. Für traditionelle Barolo waren 20 Jahre bis zum Erreichen der optimalen → **Flaschenreife** keine Seltenheit, moderne Typen lassen sich jedoch oft schon gut trinken, wenn sie in den Verkauf gelangen.

Barrique → **Seite 8**

Bâtonnage Aufrühren der → **Hefe** im → **Fass**. Während des → **Ausbaus** hochwertiger Weißweine lassen die Winzer gern etwas aus der → **Gärung** stammende Hefe im

Fass, die dann regelmäßig aufgerührt wird. Zum einen schützt dies die Hefe vor Zersetzung. Zum anderen bewirkt der intensive Kontakt des Weins mit der Hefe eine → **Klärung** und macht den Wein rund und füllig. Der Name »Bâtonnage« entstand, weil die Winzer → **Burgunds** oft einfach einen Holzstock (frz. »bâton«) durchs Spundloch des → **Barrique** stecken, um die Hefe aufzuwirbeln.

Beaujolais südlichster Teils → **Burgunds** und gleichnamige → **AOC**, 23000 Hektar. Haupttraubensorte ist die rote → **Gamay** (96 Prozent), nur wenige, aber respektable Weißweine aus → **Chardonnay**. Die traditionelle → **Kohlensäuremaischung** verleiht den Rotweinen eine attraktive, frische → **Frucht**. Weltberühmt ist der Beaujolais Primeur oder Nouveau, der wenige Wochen nach der Lese am dritten Donnerstag im November in den Verkauf gelangt und die Neugier auf den neuen → **Jahrgang** befriedigt. Wegen der schnellen Erlöse im Primeur-Geschäft wird in manchen Jahren gut die Hälfte der Jahresproduktion als Primeur bereitet. Bessere und sorgfältiger produzierte Beaujolais bestechen hingegen durch ihre einzigartige Verbindung aus Süffigkeit und → **Mineralität**. In den zehn besten, als → **Crus** anerkannten Gemeinden mit eigener AOC (die bekanntesten sind Fleurie, Morgon und Moulin-à-Vent) enthalten die Böden → **Granit** oder → **Schiefer**.

Beerenauslese ein → **edelsüßer**, in der Regel weißer → **Prädikatswein** aus → **Deutschland**. Für seine Bereitung werden im Spätherbst die reifsten, bereits leicht eingeschrumpften Beeren einzeln aus einer Traube ausgelesen. Sie dürfen, müssen aber nicht unbedingt → **Edelfäule** zeigen. Beerenauslesen sollten trotz aller → **Süße** und trotz ihrer zuweilen fast cremig erscheinenden Fülle nicht plump wirken.

Blaufränkisch → **Lemberger**

Blindverkostung Weinprobe, bei der den Teilnehmern vorab nur wenige allgemein gehaltene Informationen über die zu beurteilenden Weine bekannt sind, etwa → **Jahrgang** und Ursprungsbezeichnung. Sie können jedoch nicht auf die → **Etiketten** der ausgeschenkten Flaschen sehen und wissen also nicht, welchen Wein sie gerade begutachten. Auf diese Weise versucht man, Voreingenommenheit zu umgehen. → **Sensorik**.

Böckser Sammelbegriff für eine Gruppe von → **Weinfehlern**, die wegen ihres abstoßenden Geruchs umgangssprachlich mit Ziegenbock in Verbindung gebracht werden. Häufig entstehen Böckser dadurch, dass der Jungwein in Tank oder → **Fass** zu lange auf der → **Hefe** verbleibt. Beginnt sich die Hefe zu zersetzen, nimmt der Wein Aromen an, die an feuchte Wolle, Fleischsuppe, Gummi, Lauch oder Kohl erinnern. Im schlimmsten Fall kann solcher Wein auch bitter schmecken. Ein leichter Böckser hingegen kann in Weinen, die reich an → **Extrakt** sind, durch den Luftkontakt im → **Glas** verschwinden – dies ist ein Hinweis auf die gute Entwicklungsfähigkeit des Weins. → **Aromaböckser**, → **Schwefel**.

Bordeaux → **Seite 10**

Botrytis cinerea Schimmelpilz, der im Herbst bei feuchtem → **Klima** die Trauben befällt. Erfolgt die Infektion, bevor die Trauben reif sind, verfaulen sie (»Graufäule«, »Sauerfäule«) und müssen von Hand ausgesondert werden, sonst verleihen sie dem Wein pilzige, muffige Aromen. Rotwein verliert überdies stark an → **Farbe**.
Wo diese Selektion nicht möglich ist (beispielsweise bei industrieller Weinproduktion), lässt sich nur mit massiven Eingriffen noch ein halbwegs passables Produkt gewinnen. Befällt der Botrytis-Pilz jedoch sehr reife Trauben (→ **Edelfäule**), dann macht er die Haut der Beeren porös:

Burgund

Die kleinen Weinbaugemeinden dieses traditionsreichen Gebiets (40 000 Hektar) leben ganz vom und mit dem Wein. Von hier stammen zwei besonders hochwertige Rebsorten: der weiße → **Chardonnay** und der rote → **Pinot noir**. → **Chablis** ist der nördliche Vorposten des gut 200 Kilometer lang gestreckten Gebiets, bekannt für kernigen, mineralischen Weißwein. Das Herzstück Burgunds aber ist die → **Côte d'Or**: Hier finden sich die bereits im 19. Jahrhundert in → **Premiers crus** und → **Grands crus** unterteilten, hochwertigen → **Einzellagen** (→ **Klassifikation**). Die sich südlich anschließende Côte Chalonnaise und die höher gelegenen Hautes-Côtes erzeugen preiswerte, gute Weiß- und Rotweine. Ganz im Süden bilden das → **Mâconnais** mit kräftigem, einfachem Chardonnay und das → **Beaujolais** mit fruchtigem → **Gamay** den rustikalen Übergang zum Weinbau der → **Rhône**.
In ganz Burgund dominieren Familienbetriebe mit zersplittertem Weinbergsbesitz. Dem Aufwand, den gerade die Pflege des Pinot noir erfordert, unterwerfen sie sich mit unterschiedlichem Ethos. Oft füllen vierzig, fünfzig Betriebe Wein desselben → **cru** ab – aus dieser Vielfalt die richtigen Flaschen zu ergattern, ist schwer. Doch trotz der qualitativen Schwankungen halten die Kenner Burgund die Treue: Die Spitzenweine sind so überragend, dass man nicht umhin kann, mittelmäßige Produkte zu verzeihen.

!!! Die Lektüre eines → **Etiketts** aus Burgund benötigt etwas Erfahrung (oder ein umfangreicheres Lexikon als das vorliegende): Der »Bienvenues-Bâtard-Montrachet« ist ein Grand cru, beim »Puligny-Montrachet« handelt es sich um einen Wein der Stufe → **Villages**, der »Puligny-Montrachet Les Pucelles« ist ein → **Premier-cru**-Wein, der in der Nachbarschaft des Grand cru »Montrachet« wächst. In Burgund geht es in jeder Hinsicht ums Detail!

Wasser verdunstet aus der Beere, die Aromen werden konzentriert. Die meisten großen Süßweine beruhen auf dieser Wirkung des Botrytis-Pilzes.

Brettanomyces eine Form von → **Hefe**, die in älteren, nicht gut gepflegten → **Fässern** zu finden ist. Weine, die in solchen Fässern liegen, nehmen ein typisches Aroma an, das an Leukoplast und Leder, im Extrem sogar an den Geruch in einem Pferdestall erinnert. Bei gewissen rustikalen Rotweinen kann ein leichter Brettanomyces-Ton eine stilistisch passende Ergänzung ihres Aromenspektrums darstellen. In feineren Weinen (z. B. → **Pinot noir**) stören Brettanomyces-Töne jedoch bereits in geringen Konzentrationen und gelten als → **Weinfehler**. Ein Gegenmittel gegen das Wachstum von Brettanomyes im Fass ist → **Schwefel**.

Brunello di Montalcino hoch angesehener → **DOCG**-Rotwein aus der → **Toskana**, im Ort Montalcino → **sortenrein** aus der lokalen Spielart des → **Sangiovese** bereitet. Bis in die sechziger Jahre gab es nur eine Hand voll Produzenten: Sie bewirtschafteten knapp 70 Hektar. Als bekannt wurde, wie gut sich Jahrzehnte alte Brunello-Weine entwickelt hatten, brach ein Boom aus. Heute beträgt die Produktionsfläche 1500 Hektar. Der Brunello ist ein reichhaltiger Wein mit hohem Gehalt an → **Tannin**. Im Alter gewinnt er ein intensives → **Bukett** und verbreitet am Gaumen seidige Wärme. Das DOCG-Statut sieht vor dem Verkauf vier Jahre Lagerzeit vor, davon zwei Jahre im → **Fass**, → **Riserva** dürfen sich Weine nennen, die erst nach fünf Jahren in den Verkauf gelangen.

Bukett Duft eines reifen Weins. Durch die zahlreichen biochemischen Prozesse während der → **Flaschenreife** entwickelt sich eine große Vielfalt an Aromastoffen. Das Bukett ist daher intensiver und vielschichtiger als der

Duft eines jungen Weins – nicht zuletzt lässt es auch die typischen Merkmale der → **Herkunft** des Weins mit größerer Deutlichkeit hervortreten.

Burgenland Anbaugebiet im Südosten → **Österreichs**, 16 000 Hektar. Bekannt vor allem für kraftvollen Rotwein der Sorte Blaufränkisch (→ **Lemberger**) sowie herausragende → **edelsüße** Weine vom Neusiedler See, die meist → **Assemblagen** aus mehreren weißen Sorten sind.

Burgund → **Seite 14**

Burgundersorten alte Rebsorten-Familie, die direkt oder indirekt auf den → **Pinot noir** zurückgeht. → **Weißburgunder** und → **Grauburgunder**, → **Frühburgunder** und → **Schwarzriesling** sind Mutationen des Pinot noir. Samtrot ist wiederum eine Mutation des Schwarzrieslings. Manche Fachleute zählen auch die weißen Sorten Auxerrois und → **Chardonnay** zur Burgunderfamilie ebenso wie die roten Sorten St-Laurent und Blauer Arbst.

Brut für → **Schaumweine** gebräuchliche Bezeichnung, die auf einen relativ herben → **Geschmack** hindeutet. Die Weine enthalten maximal 15 Gramm → **Restzucker** pro Liter. »Extra brut« (oder auch: »dosage zero«) nennen sich Schaumweine, die maximal 4 Gramm Restzucker pro Liter aufweisen. → **Geschmacksrichtung.**

Cabernet franc rote Rebsorte von der → **Loire**. Dort bringt sie auf 8 000 Hektar strenge, aber vielschichtige → **sortenreine** Weine hervor (Bourgeuil, Chinon, Saumur-Champigny → **AOC**). Typisch ist der Duft dieser Weine nach Johannisbeer-Blättern und Paprika. Da die Cabernet-franc-Traube früher reif wird als die verwandte → **Cabernet Sauvignon**, ersetzt sie diese vielerorts in kühleren Lagen. So etwa in → **Bordeaux**, wo Cabernet franc auf 10000 Hektar wächst und vor allem im Teilgebiet → **Libournais** als Ergänzungssorte zum → **Merlot** verbreitet ist. Auch in Norditalien wird Cabernet franc angebaut (6000 Hektar) und dort überwiegend für einfache, fruchtige Tischweine genutzt.

Cabernet Sauvignon → Seite 18

Carignan eine aus Nordspanien stammende rote Rebsorte, die hohen → **Ertrag** und einfache Weine mit einem Hang zur Derbheit erbringt. 280000 Hektar weltweit (Platz fünf der meistangebauten Sorten), davon 170000 Hektar in → **Frankreich**. Carignan ist die Hauptsorte für südfranzösischen Landwein. Auch in Algerien, Mexiko, → **Spanien** sowie auf Sardinien (Carignano del Sulcis → **DOC**) ist die Sorte verbreitet.

Carmenère alte Rebsorte aus → **Bordeaux**, die gegenwärtig in → **Chile** ein Comeback feiert. Dorthin war die Sorte im 19. Jahrhundert vermutlich irrtümlich gelangt. Die dortigen Produzenten glaubten lange, es handle sich bei diesen Reben um → **Merlot**. Der Wein des Carmenère ist dunkel und weist relativ weiches → **Tannin** sowie einen hohen Alkoholgehalt auf. In Bordeaux spielt die Sorte heute keine Rolle mehr.

Cava spanischer → **Schaumwein**, der wie → **Champagner** in einer → **Flaschengärung** hergestellt wird. Für Cava kommen vor allem die katalanischen Rebsorten Parellada und Xarel-lo sowie die vom weißen → **Rioja** bekannte Macabeo-Traube zum Einsatz. Die Bestimmungen der → **DO** gestatten, diesen Schaumwein in ganz → **Spanien** zu erzeugen. Die besten Exemplare stammen jedoch ausnahmslos aus der Weißwein-Hochburg Penedés in Katalonien. Spitzen-Cava können bemerkenswerte Klasse aufweisen, gute, einfache Qualitäten sind oft recht preiswert.

Cabernet Sauvignon

Die bedeutendste Rebsorte für großen → **Bordeaux** ist inzwischen andernorts weitaus verbreiteter: Den 24000 Hektar ihrer Heimat stehen 125000 Hektar in anderen Regionen der Welt gegenüber. Die spät reifende Sorte produziert kleine Beeren mit dicker Schale, aus denen sich Weine mit sehr viel → **Extrakt** und guter Alterungsfähigkeit gewinnen lassen. Charakteristisch ist ihr Cassis-Aroma. Während Cabernet Sauvignon in Bordeaux nirgends → **sortenrein** verwendet wird, wurden vor allem in der → **Neuen Welt** sortenreine, mit ihrer → **Frucht** und den Aromen des → **Barrique** wuchernde Weine populär. Gentests haben ergeben, dass Cabernet Sauvignon eine Kreuzung aus → **Cabernet franc** und → **Sauvignon blanc** ist. Es scheint sich dabei um eine Zufallskreuzung aus dem 18. Jahrhundert zu handeln.

Chablis prestigereicher Weißwein aus dem Norden → **Burgunds**, 3000 Hektar. Einzige Sorte ist → **Chardonnay**. Den → **Muschelkalk**-Böden verdankt der Chablis seine → **Mineralität**, dem nördlichen → **Klima** seine erfrischende → **Säure**. → **Frost** gefährdet immer wieder die Weinberge – seinetwegen war die Rebfläche anfangs der sechziger Jahre auf 500 Hektar geschrumpft. Chablis wird in vier Qualitätsstufen erzeugt: Die besten sieben → **Einzellagen** sind als → **Grands crus** eingestuft (97 Hektar). Die Fläche der → **Premiers crus** wurde in den letzten 20 Jahren von 550 auf 750 Hektar ausgeweitet – entsprechend stark sind die qualitativen Schwankungen. Ähnliches gilt für unklassifizierte Weine der → **AOC** Chablis. »Petit Chablis«, ein beliebter Karaffenwein, ist beinahe verschwunden: Die einst für ihn vorgesehenen Lagen wurden zur Produktion von teureren Typen freigegeben.

Champagne durch den Ruf ihrer gleichnamigen → **Schaumweine** weltberühmte Weinbauregion, 28500 Hektar. Die Champagne kultiviert → **Pinot noir**, → **Chardonnay** und Pinot Meunier (→ **Schwarzriesling**). Es gibt weißen und roséfarbenen, trotz der Dominanz roter Trauben aber keinen roten Champagner: Die dunkelfarbigen Trauben gelangen unmittelbar nach der Lese auf die → **Presse**, sodass der Most dieser Sorten keinerlei Farbe aus den Schalen der Beeren annehmen kann (→ **Rotweinbereitung**). So entstehen delikate Grundweine für die als »Blanc de Noirs« bezeichneten Champagner. »Blanc de Blancs« heißen Weine, die ausschließlich aus Chardonnay bereitet wurden. → **Rosé**-Champagner entstehen als → **Cuvées** weißer und roter Weine, durch eine kurze Maischegärung oder im → **Saigné**-Verfahren. Der Champagner verdankt seinen Ruhm vor allem dem Veredlungsprozess der → **Flaschengärung**. Das feine Spiel der → **Kohlensäure** ergänzt und unterstreicht die → **Mineralität** der Weine. Die besten Böden, die → **Kalk** und → **Kreide** enthalten, wurden

Chardonnay

Die großen Weißweine → **Burgunds** haben diese → **Rebsorte** berühmt gemacht: Ihre spannungsgeladene Harmonie, die dem Säurenerv Fülle entgegensetzt und dem Schmelz → **Mineralität**, hat zu einem Boom geführt. Heute wächst die Sorte auf 100 000 Hektar weltweit. Der Wein des Chardonnay entwickelt häufig Blüten-Aromen – und bietet so eine dankbare Grundlage für liebliche Vanille- oder Karamell-Noten, wie sie durch die Verwendung von → **Barriques** hinzukommen. Vor allem die Weine aus der → **Neuen Welt** spielen diese Vorzüge mit technischer Perfektion aus. Die Beliebtheit der Sorte hat jedoch auch eine Kehrseite: Billiger, in schlechten Böden angebauter und mit zu hohem → **Ertrag** gelesener Chardonnay kann so nichtssagend sein, dass außer dem Namen auf dem → **Etikett** kaum etwas an die Rebsorte erinnert.

in einer → **Klassifikation** in 17 → **Grands crus** und 38 → **Premiers crus** unterteilt – klassifiziert wurden dabei nicht einzelne Weinberge, sondern ganze Gemeinden.

Chaptalisieren Form der → **Anreicherung**. Der Chemiker Jean-Antoine Chaptal (1756–1832) empfahl 1807 in seinem Lehrbuch »L'art de faire le vin«, → **Most** zu zuckern, um den Alkoholgehalt des Weins zu erhöhen.

Chardonnay → **linke Seite**

Chasselas weiße Tafeltraube, die in der → **Schweiz**, im → **Elsass** und in → **Baden** (dort unter der Bezeichnung »Gutedel«) zur Weinbereitung genutzt wird. Die meisten Chasselas reichen nicht über das Niveau einfacher Tischweine hinaus. Am bekanntesten sind der schwere → **Fendant** aus dem → **Wallis** und der leichte, spritzige Weißwein aus → **Neuchâtel**. Einzig in den beiden → **Grands crus** Dézaley und Calamin am Genfer See entstehen ambitionierte, im Alter zu großem Reichtum reifende Weine.

Château »Schloss«, beliebtes Element auf französischsprachigen → **Etiketten**. In Frankreich verpflichtet seine Erwähnung nicht dazu, dass → **Kelterung** und → **Ausbau** des betreffenden Weins wirklich in einem Schlosskeller stattfinden. Der Wein muss nicht einmal beim Erzeuger abgefüllt worden sein. Nur wenn auf der Flasche steht »mis en bouteille au château«, handelt es sich auf jeden Fall um eine → **Erzeugerabfüllung**. Château-Namen sind häufig Phantasiebezeichnungen: Ein Winzer kann verschiedene Weine aus seiner Produktion (oder sogar denselben!) unter unterschiedlichen Château-Namen verkaufen. Prestigereiche Produzenten, beispielsweise die → **klassifizierten** Güter in → **Bordeaux**, verfügen jedoch meist wirklich über ein Schloss oder Herrschaftsgebäude.

Châteauneuf-du-Pâpe Ort und → **AOC** an der südlichen → **Rhône** in Frankreich. 3000 Hektar, bekannt nicht nur als Residenz der Gegenpäpste im frühen 14. Jahrhundert, sondern vor allem für wuchtigen, sehr aromatischen Rotwein. Das AOC-Statut lässt zur Gewinnung von Rotwein 13 Rebsorten zu, unter anderem auch vier weiße. Die meisten Winzer konzentrieren sich jedoch auf den Anbau von → **Grenache**, → **Mourvèdre**, → **Syrah** und → **Cinsault**. Vor allem die Sorte Grenache profitiert von den kargen Böden, die mit großen runden Kieseln überzogen sind. Ein guter Châteauneuf-du-Pape meistert die schwierige Aufgabe, etwa 14 Volumenprozent Alkohol auf harmonische Weise mit → **Tannin**, → **Frucht** und Würze zu füllen. Discount-Weine dieser AOC geben mit ihrer alkoholischen und zugleich rustikalen Art leider nicht den geringsten Eindruck von einer solchen Harmonie. In kleinsten Mengen gibt es auch weißen Châteauneuf-du-Pâpe: einen originellen, zuweilen in → **Barriques** vergorenen, etwas behäbigen Wein aus Roussanne, Grenache blanc und anderen Weißweinsorten des Rhônetals.

Chenin blanc wandlungsfähige weiße Sorte von der → **Loire**. In → **Südafrika** bringt sie Massen (30000 Hektar) neutralen Weißweins (»Steen«), an der Loire (9000 Hektar) sowohl kratzbürstig → **trockenen**, gut reifenden → **AOC**-Wein aus Savennières und Saumur, milden Vouvray, aber auch ausgewogene → **edelsüße** Weine (Quarts de Chaume, Bonnezeaux, Coteaux du Layon).

Chianti traditionsreicher italienischer Rotwein der → **Toskana**, der in sieben Unterzonen (z. B.: »Classico«, »Rufina«, »Colli Senesi«) sowie im einfachsten Fall als »Chianti« ohne Zusatzangabe produziert wird, insgesamt auf 20000 Hektar. → **Sangiovese** ist die bei weitem wichtigste Rebsorte, herkömmlicherweise ergänzt um Canaiolo, Ciliegiolo, Mammolo und Colorino sowie kleinere Anteile der weißen Sorten → **Trebbiano** und Malvasia. Seit 1984 können die Winzer auch bis zu zehn Prozent → **Merlot**, → **Cabernet Sauvignon** oder → **Syrah** verwenden, seit 1996 auf andere Sorten als Sangiovese auch ganz verzichten. Nach wie vor ist der Chianti von extremen qualitativen Unterschieden geprägt. Alle acht Typen sind als → **DOCG** anerkannt, im Handel dominieren jedoch charakterlose Massenweine. Guter Chianti ist stets eher herzhaft als fein, in Höchstform ist er nach ein paar (nicht zu vielen!) Jahren → **Flaschenreife**. → **Riserva** dürfen sich Weine nennen, die mindestens zwei Jahre lang im → **Fass** ausgebaut wurden.

Chile südamerikanisches Weinbauland, das als Star der → **Neuen Welt** gilt. Weinbau wird hier bereits seit Mitte des 16. Jahrhunderts betrieben, doch noch heute werden 40 Prozent der 115 000 Hektar Rebfläche zur Erzeugung von Tafeltrauben genutzt. Die Bedingungen für die Weinproduktion sind günstig: Da die → **Reblaus** nie hierher kam, können die Winzer → **wurzelechte** Reben pflanzen. Auch falscher → **Mehltau** ist in Chile unbekannt. Allerdings müssen die Böden bewässert werden, denn das → **Klima** ist heiß und vor allem im Sommer sehr trocken. Chiles Ruhm beruht auf seinen Rotweinen. Typisch sind ihre intensiven, zuweilen an Konfitüre erinnernden Beeren-Aromen. Als beste Sorten erweisen sich diejenigen aus → **Bordeaux:** → **Cabernet Sauvignon**, → **Merlot**, → **Malbec** und → **Carmenère**. Die Winzer nutzen sie vor allem in den Regionen Maipo, Maule und Rapel → **sortenrein** oder als → **Assemblage**.

Cinsau(l)t harmlose rote Traube aus Südfrankreich, die einen milden, kurzlebigen Wein ergibt. Wegen seiner Armut an → **Farbe** und → **Tannin** eignet sich Cinsault gut zur Herstellung von → **Rosé**. Bei manchen Winzern ist die Sorte beliebt, weil sie den Erfordernissen der → **Maschinenlese** entgegenkommt. In Frankreich steht Cinsault auf 48 000 Hektar, weltweit auf 80 000 Hektar.

Clevner volkstümliche Bezeichnung, die regional für verschiedene Rebsorten verwendet wird: für → **Pinot noir** (Kanton Zürich in der → **Schweiz**), → für **Frühburgunder** oder eine aus dem → **Rheingau** stammende Spielart des Pinot noir (→ **Württemberg**), → **Traminer** (Ortenau in → **Baden**), → **Weißburgunder** und/oder Auxerrois (im → **Elsass**).

Clos Bezeichnung für einen von einer Mauer umfriedeten Weinberg. Oft handelt es sich um Lagen von historischer Bedeutung. Den berühmten Clos de Vougeot in → **Burgund** beispielsweise nutzten die → **Zisterzienser** bereits im 14. Jahrhundert als Versuchsanlage – und umgaben ihn mit einer Mauer.

Côte d'Or zentrales Anbaugebiet in → **Burgund**, etwa 50 Kilometer lang und nur wenige Kilometer breit, mit nach Osten blickenden Weinbergen (»Côte d'Orient«). Die Côte d'Or ist bekannt durch ihre sehr teuren, zuweilen aber auch furios guten Weine aus → **klassifizierten** → **Einzellagen**. Sie teilt sich geographisch in die Côte de Beaune (3 200 Hektar), wo charaktervolle, typische rote Burgunder (→ **Pinot noir**) sowie besonders reichhaltige → **Chardonnay**-Weißweine wachsen – und die ausschließlich Rotwein produzierende Côte de Nuits (1 500 Hektar). Im Allgemeinen ist der Boden in beiden Teilgebieten ein Gemisch aus → **Lehm** und → **Kalk**. Seine Zusammensetzung variiert aber auf engstem Raum so stark, dass auch benachbarte Lagen völlig unterschiedliche Weine mit starkem Eigencharakter hervorbringen. Alleine an der Côte de Nuits lassen sich 59 Bodentypen unterscheiden. Dieser Umstand hat zur Folge, dass fast jede Ortschaft der Côte d'Or ihre eigene → **AOC** besitzt – und innerhalb des Gemeindegebiets nochmals die Einzellagen unterschieden und in drei Stufen klassifiziert wurden.

Côtes/Coteaux Namensbestandteil französischer Ursprungsbezeichnungen – meist in Gebieten, deren Weinberge große Flächen bedecken und sich nicht um einen einzelnen Ort konzentrieren (z. B. Côtes du Rhône → **AOC**, Coteaux du Languedoc AOC).

Crianza in → **Spanien** übliche Bezeichnung, die auf einen etwa zwölf Monate dauernden → **Ausbau** im → **Fass** – in der Regel im → **Barrique** – hinweist. In vielen Gebieten firmieren vor allem die modernen, unter Verwendung von Sorten wie → **Cabernet Sauvignon** bereiteten Weine als Crianza – im Gegensatz zu Weinen mit der Bezeichnung → **Reserva**, die aus heimischen Sorten gekeltert und traditionell mehrere Jahre im Fass gelagert werden.

Crémant französischer → **Schaumwein**, der nicht aus der → **Champagne** stammt, jedoch wie dort üblich in → **Flaschengärung** produziert wird. Wichtigste Herkunftsregionen: → **Burgund**, → **Elsass**, → **Loire**.

Cru französischer Begriff, der im Deutschen nur unzureichend mit »Gewächs« (→ **Erstes Gewächs**) oder »Lage« übersetzt wird. Denn dabei geht die wichtige Bedeutungs-Dimension verloren, die in französischen Ausdrücken wie »lait cru«, »jambon cru« mitschwingt: »Roh«milch, »Roh«-schinken. Besitzt ein Wein den Status eines »Cru«, dann benötigt er keine aufwändige Verarbeitung und keinen Verschnitt, um markante Qualität zu erlangen: Der Weinberg selbst verleiht ihm seine Eigenschaften. Der Wein eines Cru weist daher unabhängig von → **Jahrgang** und eingesetzter → **Kellertechnik** wiedererkennbare Geschmacksmuster auf. → **Terroir**.

Cru bourgeois Rang für Weingüter aus dem → **Médoc**, die bei der → **Klassifikation** von 1855 nicht berücksichtigt wurden, die jedoch über Jahrzehnte hinweg für ihre hohe Weinqualität bekannt sind. Das beste Dutzend dieser »bürgerlichen« Güter reicht mühelos an das Niveau eines durchschnittlichen → **Cru classé** heran. Cru-bourgeois-Weine zeichnen sich allgemein durch ein günstiges Preis-Leistungs-Verhältnis aus.

Cru classé in → **Bordeaux** ein Weingut, das in einer → **Klassifikation** erfasst ist – und sein Wein. → **Cru**.

Cuvée Wein, der aus verschiedenen Teilmengen zusammengestellt wurde, entweder aus dem → **Verschnitt** verschiedener Rebsorten oder aus verschiedenen → **Kelterungen** derselben Sorte. Man nennt jedoch auch den Inhalt eines einzelnen zur → **Gärung** gelangenden Bottichs (frz. »cuve«) »Cuvée«.

DAC »Districtus Austriae Controllatus«, in → **Österreich** 2003 eingeführtes System der Ursprungsbezeichnung mit unklarer inhaltlicher Ausrichtung. Als erster DAC-Bereich wurde das Gebiet Weinviertel (18 000 Hektar) definiert, und zwar für die Sorte → **Grüner Veltliner**.

Degorgieren Entfernung der → **Hefe** nach der → **Flaschengärung** eines → **Schaumweins**. Die zur Ruhe kommende Hefe setzt sich im Hals der kopfüber in einem → **Rüttelpult** gelagerten Flasche ab. Das Degorgieren beginnt damit, dass der Hals der Flasche tiefgekühlt wird. Die Hefe erstarrt zu einem festen Pfropfen. Dann wird die Flasche aufgerichtet und der Kronkorken entfernt, mit dem die Flasche verschlossen ist. Durch den Druck des noch flüssigen Schaumweins wird die Hefe an einem Stück aus dem Flaschenhals herausgetrieben. Danach wird die Flasche, je nach angestrebter → **Geschmacksrichtung**, mit → **Dosage** aufgefüllt und mit → **Kork** und Drahtkörbchen wieder verschlossen. Der Zeitpunkt des Degorgierens besitzt großen Einfluss auf das Geschmacksprofil eines

Schaumweins. Solange die Hefe in der Flasche ist, bleibt der Schaumwein frisch, die Aromen reifen behutsam und die Kohlensäure integriert sich immer feiner in den Wein. Nach dem Degorgieren jedoch setzt eine → **Flaschenreife** ein, die nicht allen Schaumweinen gut bekommt.

Dekantieren Umgießen eines Weins aus der Flasche in eine Karaffe. Angebracht bei Weinen, die → **Sauerstoff** benötigen, um ihr → **Bukett** zu entfalten. Unabdingbar bei Rotweinen, die → **Depot** aufweisen: Durch vorsichtiges Dekantieren lässt sich der klare Wein weitaus zuverlässiger vom Trub trennen als bei glasweisem Einschenken.

Demi-sec → **Geschmacksrichtung** für → **Schaumwein**. Die Übersetzung → »**halbtrocken**« ist irreführend, denn diese Kategorie von Schaumweinen ist süß: Ihr Gehalt an → **Restzucker** liegt zwischen 33 und 50 Gramm pro Liter.

Depot Bodensatz, der sich während der → **Flaschenreife** von Rotweinen durch das Ausfallen von → **Tannin** bilden kann. Dieser Vorgang ist ein Qualitätsmerkmal: Tannine haben die Eigenschaft, während der Flaschenreife immer längere Molekülketten zu bilden (→ **Polymerisation**). Nur bei Weinen, die sehr reich an hochwertigem Tannin sind, werden diese Moleküle mit der Zeit so groß, dass sie nicht mehr in Lösung gehalten werden können – und als Depot zu Boden sinken. Ob ein Wein Depot besitzt, lässt sich relativ leicht feststellen, indem die Flasche gegen das Licht gehalten wird. Ist Depot vorhanden, ist es meist sehr fein. Um keinen trüben Wein ins Glas zu gießen, werden solche Weine → **dekantiert**.

Deutschland auf Rang 15 der weltweiten Flächenstatistik stehendes Weinbauland, 102 500 Hektar. Wichtigste Rebsorten: → **Riesling** (21 Prozent), → **Müller-Thurgau** (17 Prozent), → **Spätburgunder** (10 Prozent),

→ **Silvaner** (6 Prozent). Wegen des überwiegend kühlen → **Klimas** existieren beträchtliche qualitative Schwankungen. Doch die fast ausschließlich → **sortenrein** gekelterten Weine können bereits bei moderatem Alkoholgehalt große → **Komplexität** erlangen. In den vergangenen zehn Jahren begann Deutschlands Weinbau, an den Ruf anzuknüpfen, den Rieslinge von Rhein und → **Mosel** Ende des 19. und Anfang des 20. Jahrhunderts durch diese Finesse besaßen. Ein Hindernis ist dabei das Festhalten vieler Produzenten an hohem → **Ertrag** – eine Haltung, der das deutsche Weinrecht Vorschub leistet durch seine Fixierung auf das → **Mostgewicht** als Qualitätskriterium. In kaum einem anderen Weinbauland Europas klaffen die Ideen der → **Weinbaupolitik** und die Erfordernisse des Anbaus von Spitzenweinen so weit auseinander. Daher ist der Name eines verlässlichen Produzenten die bei weitem wichtigste Angabe auf dem → **Etikett** eines deutschen Weins.

DO »Denominación de Origen«. Das spanische System kontrollierter Ursprungsbezeichnung wurde ab 1926 nach dem Vorbild der französischen → **AOC** geschaffen. Vor allem seit 1970 legte der Gesetzgeber zahlreiche DO-Gebiete fest: 53 sind es inzwischen, sie überspannen drei Viertel der Rebfläche → **Spaniens**. Dennoch erlangt nur etwa ein Viertel der spanischen Weine tatsächlich DO-Rang. → **DOCa**.

DOC in → **Italien** »Denominazione di Origine Controllata«, in → **Portugal** »Denominação de Origem Controlada«, jeweiliges System kontrollierter Ursprungsbezeichnungen. In Italien brachte das 1963 verabschiedete, am französischen → **AOC**-System orientierte »Gesetz 930« einen zweischneidigen Fortschritt: Einerseits stärkte es viele lokale Weinkulturen, da auch wenig bekannte Gebiete eine DOC zugesprochen bekamen (mittlerweile sind über 300 Bereiche definiert). Die Produktionszonen bekannter Weine wurden jedoch stark ausgeweitet – wie etwa die des po-

tenziell hochwertigen Weißweins Soave: Seinem historischen Kernland – 1500 Hektar auf Hängen aus → **Vulkangestein** – wurden mehr als 5000 Hektar einfachster Lagen in der Ebene zugeschlagen – mit fatalen Folgen für Ansehen und Preis des wahren Soave.
Portugals DOC löste 1986 beim Beitritt des Landes zur Europäischen Union die alte Ursprungsbezeichnung »Região demarcada« ab, hat aber bislang wenig am traditionellen Chaos des portugiesischen Weinrechts geändert. Die letzten Jahre brachten zahlreiche neue DOC-Bereiche, aber auch Umbenennungen und Neugliederungen alter »Região demarcada«-Zonen.
Eine DOC existiert auch im Schweizer Kanton → **Tessin**.

DOCa »Denominación de Origen Calificada«. Einen Rang über der → **DO** stehende, höchste Stufe der Qualitätspyramide in → **Spanien**, 1988 eingeführt. Zonen, die die DOCa beanspruchen, müssen exakt kartographiert sein, ihr durchschnittlicher Traubenpreis muss mindestens das Dreifache des nationalen Durchschnitts betragen, und es ist nicht gestattet, DOCa-Weine als → **Fasswein** zu handeln. Bislang erfüllt erst eine einzige Ursprungsbezeichnung diese strengen Auflagen: → **Rioja**.

DOCG »Denominazione di Origine Controllata e Garantita«. Höchste Stufe des italienischen Weinrechts, 1963 gemeinsam mit der → **DOC** geschaffen, aber erstmals 1980 angewandt. Warum eine → **Herkunft**, die ohnehin »kontrolliert« ist, erst in einem weiteren Schritt auch »garantiert« werden kann, bleibt das Geheimnis des Gesetzgebers. In der Tat bedeuten die DOCG-Regeln jedoch eine Verschärfung gegenüber jenen der DOC: DOCG-Weine dürfen nur in Flaschen gehandelt werden, und auch die den → **Ertrag** begrenzenden Vorschriften legen strengere Maßstäbe an. Zurzeit dürfen 23 Ursprungsbezeichnungen den Rang der DOCG beanspruchen.

Dolcetto intensiv nach Kirsche duftende rote Rebsorte aus dem italienischen → **Piemont**. Anders als der Name anzudeuten scheint, sind Dolcetto-Weine nicht süß: Das italienische Wort »dolce« hat auch die Bedeutung »weich, sanft«. Traditioneller Dolcetto wird seinem Namen mit schmeichelhaftem → **Tannin** und einer molligen Frucht gerecht. Neuerdings keltern die Winzer jedoch auch Typen, die auf eine lange → **Flaschenreife** angelegt sind – und sich in der Jugend dementsprechend rau und hart präsentieren.

Domaine, Domäne Weingut, meist in privater Hand. Typischerweise im bürgerlichen → **Burgund** gebräuchlich, wo es nur wenige → **Châteaux** gibt.

Dornfelder gegenwärtig in → **Deutschland** boomende → **Neuzüchtung** (Helfensteiner x Heroldrebe). Die im Anbau genügsame, tiefrote Traubensorte war während ihrer Entwicklung in den sechziger und siebziger Jahren eigentlich als → **Färbertraube** gedacht. Wegen des großen Erfolgs dunkler Rotweine wird Dornfelder jedoch jetzt → **sortenrein** genutzt, um große Mengen an tintigem, unmittelbar beeindruckendem Wein hervorzubringen. Sein Sortentyp weist jedoch wenig → **Komplexität** auf, und Kenner befürchten, dass die Ausweitung des Dornfelder-Anbaus (derzeit 6 600 Hektar) zum Problem der Überproduktion führen wird.

Dosage Gemisch aus → **Zucker**, süßem → **Most** und Wein, das → **Schaumweinen** zur Abrundung ihres → **Geschmacks** zugesetzt wird. Nach der → **Flaschengärung** sind Schaumweine stets knochentrocken: Aller → **Zucker** wurde in → **Ethylalkohol** und → **Kohlensäure** umgewandelt. Erst die Dosage entscheidet über die → **Geschmacksrichtung**. Je nach deren Zuckergehalt ensteht ein → **brut**, extra dry, → **dry**, → **démi-sec** oder → **doux**. Ein Schaumwein, dem keinerlei Dosage zugesetzt wurde, darf sich »extra brut« oder »dosage zéro« nennen.

Douro, auch **Duero** Fluss, der in Nordspanien und Portugal bedeutende Anbaugebiete durchfließt: in Spanien die → **DO**-Zonen → **Ribera del Duero**, Rueda (moderne Weißweine) und Toro (kräftige, bäuerliche Rotweine). Auf der portugiesischen Seite werden entlang des Douro → **Portwein** und unter der → **DOC**-Bezeichnung »Douro« klassische Rotweine produziert, die in den letzten Jahren sehr an Format gewonnen haben. Die Rebsorten für diese Tischweine sind dieselben, die für Portwein Verwendung finden: Touriga nacional, Tinta roriz (→ **Tempranillo**) und gut 80 weitere, lokale Varietäten.

Doux frz. »süß«. Bei → **Schaumweinen** gebräuchliche Beschreibung der → **Geschmacksrichtung**. Der Gehalt an → **Restzucker** liegt über 50 Gramm pro Liter.

Dry → **Geschmacksrichtung** für → **Schaumwein** – anders, als der Name glauben macht, nicht → **trocken**, sondern lieblich: Der Gehalt an → **Restzucker** liegt zwischen 17 und 35 Gramm. Auf denselben Zuckergehalt verweist die Bezeichnung »sec«. Schaumweine, deren Gehalt an Restzucker zwischen 12 und 20 Gramm liegt (die man als → **stille** Weine also → **halbtrocken** nennen würde), heißen »extra dry«.

Durchgegoren keinen → **Restzucker** enthaltend. In → **Deutschland** und → **Österreich** ist die → **Geschmacksrichtung** → »**trocken**« so definiert, dass bis zu 9 Gramm Restzucker pro Liter Wein vorhanden sein dürfen. Ein Wein, der diese vom Gesetzgeber eingeräumte Toleranz nicht in Anspruch nimmt, sondern im Restzucker nahe bei Null liegt, nennt man »durchgegoren«.

Edelfäule erwünschte Pilzinfektion von Trauben mit → **Botrytis cinerea**. Breitet sich dieser Pilz auf sehr reifen Beeren aus, verdunstet Wasser durch die porös gewordene

Haut. Eine Konzentration von → **Zucker** und Aromastoffen in den Beeren ist die Folge: Der Wein wird → **edelsüß**. Edelfäule kann bei roten und weißen Trauben auftreten. Auf die für Rotwein wichtigen Merkmale → **Farbe** und → **Tannin** (→ **Rotweinbereitung**) wirkt sich Botrytis jedoch unter allen Umständen schädlich aus. Streben die Winzer einen edelsüßen Wein aus einer roten Sorte an, keltern sie daher stets einen → **Weißherbst**.

Edelsüß → **Geschmack** eines bewusst auf → **Süße** hin produzierten Weintypus. Bei solchen Weinen wird die Süße nicht nach der → **Gärung** zugesetzt (→ **Süßreserve**), sondern die Gärung wird so frühzeitig abgestoppt, dass ein großer Teil der natürlichen Süße aus den sehr reifen, oft auch von → **Edelfäule** befallenen Trauben erhalten bleibt. Edelsüße Weine haben extrem viel → **Zucker** (bis zu 200 Gramm pro Liter), gleichen die Süße jedoch mit → **Extrakt** und → **Säure** aus. → **Beerenauslese**, → **Trockenbeerenauslese**, → **Eiswein**, → **Sauternes**, → **Passito**, → **Tokajer**, → **Recioto**.

Eiche wichtigstes Holz zum Bau eines → **Fasses**. Es gibt drei Sorten: Das Holz der amerikanischen Weißeiche (Quercus alba) prägt den Wein mit besonders intensiven Aromen. Sein → **Tannin** kann dem Wein allerdings eine adstringierende Note verleihen. Dennoch ist dieses Holz für den → **Ausbau** mancher Weine erste Wahl: In → **Spanien** beispielsweise sind → **Barriques** aus amerikanischer Eiche sehr populär. Europäisches Eichenholz kommt von Steineichen (Quercus petraea) oder Stieleichen (Quercus robur). Obwohl beide Formen mehr Tannin enthalten als amerikanische Eiche, beeinflussen sie den Wein in geringerem Maße.

Eigenbau in der → **Schweiz** gebräuchliche Bezeichnung für eine → **Erzeugerabfüllung**.

Einzellage ein in seinen Grenzen fest umrissener Weinberg. Im Idealfall ein Ort, der durch homogene Eigenschaften von Boden und → **Klima** einen typischen, in seinem Geschmacksmuster wiedererkennbaren Wein hervorbringt. In → **Deutschland** sind 2643 Einzellagen registriert. → **Cru**, → **Terroir**, → **Großlage**, → **Weinbaupolitik**.

Eiswein ein vor allem in → **Deutschland**, → **Österreich** und Kanada (Niagara) hergestellter → **edelsüßer** Wein, für den gefrorene Trauben verwendet werden. Die Außentemperatur muss während der Lese mindestens minus sieben Grad Celsius betragen. Dadurch ist sichergestellt, dass aus den tiefgekühlten Trauben nur die zuckersüßen Anteile abgepresst werden – das meiste Wasser bleibt als Eis zurück. Eiswein kann außerordentlich viel → **Extrakt** besitzen und sehr süß sein. Immer zeigt er jedoch auch eine markante → **Säure**. Sein Alkoholgehalt ist meist gering, dennoch ist Eiswein ein Lagerwein par excellence.

Elbling möglicherweise mit der römischen Vitis alba identische weiße Traube, vom Mittelalter bis ins 19. Jahrhundert die Alltagssorte in vielen deutschsprachigen Regionen. Sie ergibt einen in den Aromen neutralen, etwas rustikalen Wein mit geringem Alkoholgehalt und strenger → **Säure**. Erst Mitte des 20. Jahrhunderts wurde Elbling verbreitet durch den → **Müller-Thurgau** ersetzt. Heute wachsen noch 1400 Hektar am Oberlauf der → **Mosel** (→ **Deutschland** und Luxemburg).

Elevée en fût du chêne Angabe auf französischen Etiketten, die auf den → **Ausbau** im Eichenfass verweist. → **Fass**, → **Barrique**.

Elsass Weinbaugebiet, das von deutschen und französischen Einflüssen geprägt ist, 14500 Hektar. Der breite Sortenspiegel und die Tradition → **sortenreinen** → **Aus-**

Etikett

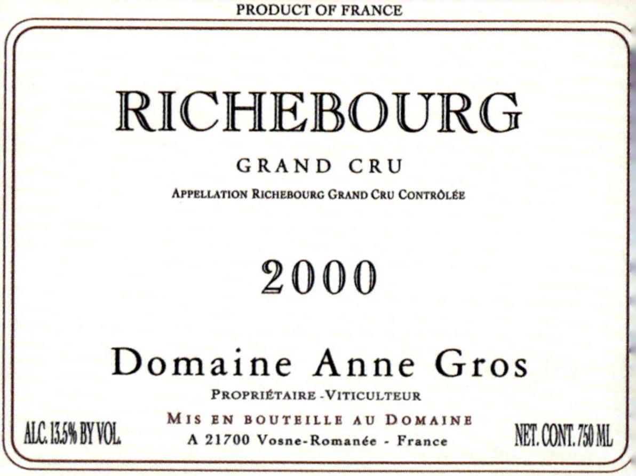

Ein Etikett ist ein Stück Papier, das auf einer Flasche klebt und einem hilft, sie im Keller wiederzufinden. Diese banale Funktion muss man betonen, da ein besonderes Geschöpf unter den Weinliebhabern – der »Etikettentrinker« – mit den Etiketten vor allem Prestige verbindet. Doch nicht jedes ruhmreiche Etikett klebt auf einer Flasche Wein, die diesen Ruhm auch rechtfertigt! Damit das Etikett seine Aufgabe erfüllt, sollten → **Jahrgang** und Name des abfüllenden Betriebs darauf stehen. Dann natürlich eine Information über den Weintyp. Zu dessen Bestimmung können Rebsorte und → **Geschmacksrichtung** angegeben werden, oder auch nur die → **Herkunft** (Ursprungsbezeichnung). Hinzu kommen besondere Qualitätsmerkmale, etwa für → **Prädikatsweine** oder solche, die in einer → **Klassifikation** erfasst sind.

baus haben mehr Ähnlichkeit zum benachbarten deutschen Anbaugebiet → **Baden** als zu jeder französischen Weinbauregion. Zugleich nahm der Elsässer Weinbau mit seinem → **Grand-cru**-System eines der Leitmotive des französischen Weinverständnisses auf. Dies allerdings recht lax: 51 Grands crus wurden anerkannt, und der für sie geltende Höchstertrag von 70 Litern pro Ar (100 Quadratmetern) liegt doppelt so hoch wie für → **klassifizierte** Weine in → **Burgund** oder → **Bordeaux** (→ **Menge-Güte-Gesetz**). In den achtziger Jahren war das Elsass für seinen Edelzwicker berühmt – einen aus → **Chasselas**, Pinot blanc (→ **Weißburgunder**) und anderen weißen Sorten verschnittenen, → **durchgegorenen** Zechwein. Inzwischen suchen Elsässer Weinbauern nach Möglichkeiten, sich auch mit süßen Weinen zu profilieren: 1983 wurden für → **Spätlesen** und → **edelsüße** Weine die Bezeichnungen »Vendange tardive« und »Sélection de grains nobles« definiert.

Entsäuern Verminderung des Gehalts an → **Säure**. Dies geschieht entweder chemisch durch Zusetzen von Kalziumkarbonat: Dieser Stoff verbindet sich mit Weinsäure zu kristallinem, am Boden eines Fasses oder Tanks zurückbleibendem → **Weinstein**. Beim so genannten biologischen Säureabbau dagegen wird mit Hilfe von Mikro-Organismen während der → **malolaktischen Gärung** die besonders aggressiv wirkende Äpfelsäure in mildere Milchsäure umgewandelt.

Enzyme biologische, natürlich vorkommende Beschleunigerstoffe, die in der Weinbereitung auch technisch genützt werden: Werden einer → **Maische** Enzyme beigegeben, setzen sie Aromastoffe frei, die sonst nur in Form chemischer Vorläufersubstanzen (oder gar nicht) in den Wein gelangen würden. Bereits der junge Wein besitzt dann starke Aromen – auch solche, die normalerweise erst durch → **Flaschenreife** entstehen.

Erstes Gewächs im → **Rheingau** etabliertes System der → **Klassifikation**, mit dem → **Jahrgang** 1999 staatlich anerkannt. → **Weinbaupolitik.**

Ertrag Erntemenge pro Flächeneinheit. Für die meisten → **Qualitätsweine** gilt ein Ertrag von etwa 600 Gramm Trauben pro Quadratmeter als wünschenswert – dies entspricht etwa 40 bis 50 Litern Wein pro Ar (100 Quadratmetern) Rebfläche. Das → **Menge-Güte-Gesetz** besagt, dass die Weinqualität mit steigenden Erträgen abnimmt. Mit hohen Erträgen lässt sich zwar kurzfristig viel Geld verdienen, solange ein bestimmter Wein sehr in Mode ist und die fehlende Güte weniger ins Gewicht fällt. Um sich jedoch langfristig am Markt zu behaupten, muss ein Weinproduzent die Qualität suchen – und die Mehrarbeit der → **Ertragsbeschränkung** auf sich nehmen.

Ertragsbeschränkung Maßnahmen, um den Rebstock zur Produktion möglichst weniger Trauben anzuregen. Im Frühjahr sorgt ein kurzer Anschnitt der Rebe dafür, die Anzahl der später Frucht tragenden Triebe klein zu halten. Wichtig ist auch das Wegschneiden überzähliger Trauben im Spätsommer. So bündelt sich während der Reife alle Kraft des Rebstocks in den verbliebenen Früchten.

Erzeugerabfüllung Angabe, die garantiert, dass der in der Flasche befindliche Wein aus Trauben gekeltert wurde, die der abfüllende Betrieb selbst angebaut hat. Der Hinweis ist bedeutsam als Abgrenzung von Weinen, die vor der Abfüllung entweder als → **Fasswein** gehandelt oder in einer Kellerei aus fremden, zugekauften Trauben bereitet werden.

Erziehung Formung von Stamm, Ruten und Laub eines Rebstocks. Die Erziehung dient in erster Linie dazu, die Versorgung der Reben mit Licht und Luft zu optimieren – und sie sollte die Arbeit des Winzers erleichtern. Am verbreitetsten sind Erziehungssysteme am Drahtrahmen.

Essigsäure auch als »flüchtige Säure« bekannte Substanz, die in geringer Konzentration in jedem Wein vorhanden ist. Denn während der → **Gärung** bildet die → **Hefe** stets ein wenig Essigsäure. Diese kann den Duft des Weins positiv beeinflussen, wenn sie nur in Spuren vorhanden ist. Entsteht jedoch während der Gärung oder des → **Ausbaus** zusätzlich durch die Aktivität von Bakterien (z.B. des Acetobacter oder von Milchsäure-Bakterien) Essigsäure, nimmt der Wein einen unangenehm stichigen Geruch an. Bei diesem Essigstich handelt es sich um einen nicht mehr rückgängig zu machenden → **Weinfehler**.

Ethylacetat chemische Verbindung aus → **Essigsäure** und → **Ethylalkohol** – verantwortlich für einen der häufigsten → **Weinfehler**. Charakteristisch ist der Geruch nach Alleskleber oder Nagellackentferner: Ethylacetat ist ein verbreitetes Lösungsmittel. Im Wein kann sich diese Substanz während der → **Gärung** bilden oder beim → **Ausbau** durch → **Oxidation** von → **Acetaldehyd**.

Ethylalkohol Substanz, die während der → **Gärung** durch die Tätigkeit der → **Hefe** aus → **Zucker** entsteht, im Alltag meist verkürzt »Alkohol« genannt. (Allerdings sind im Wein auch andere Alkohole zu finden.) Ethylalkohol lässt nicht nur durch seine berauschende Wirkung manchen Wein in gutem Licht erscheinen. Er ist auch ein Geschmacksträger, der zur → **Süße** eines Weins beiträgt. Hält der → **Extrakt** jedoch nicht mit dem Alkoholgehalt Schritt, kann sich der Ethylalkohol am Gaumen negativ auswirken, indem er die Schleimhäute austrocknet und einen spröden, ja sogar bitteren → **Abgang** zurücklässt.

Etikett → **Seite 34**

Europäerreben Sorten der Rebenspezies Vitis vinifera. Die überaus meisten im Weinbau verbreiteten Rebsorten gehören dieser Spezies an. Sie stammt zwar vermutlich aus einem Raum zwischen Kaukasus und Nahem Osten. Doch da sie die bedeutsamsten Weinkulturen in Europa hervorgebracht hat, werden ihre verschiedenen Sorten als Europäerreben bezeichnet. Umgangssprachlich unterscheidet man von ihnen »Amerikaner«reben: Diese in Nordamerika heimischen Wildreben (z. B. Vitis berlandieri, Vitis labrusca, Vitis rotundifolia) haben wegen des fremdartigen → **Foxtons** ihrer Weine für die Weinerzeugung keine große Bedeutung erlangt. → **Hybride**.

Extrakt Summe der Feststoffe, die zurückbleiben, wenn man Wasser, → **Ethylalkohol** und andere flüchtige Bestandteile aus einer gegebenen Menge Wein verdampft. Der Extrakt gibt einen Hinweis auf den Inhaltsreichtum der Trauben, die für den Wein verwendet wurden – und damit einen Hinweis auf die Weinqualität: Extraktarme Weine können nicht komplex oder intensiv sein. Durch zu hohen → **Ertrag** oder mangelhafte Versorgung der Reben mit Nährstoffen fehlt es ihnen an Inhaltsstoffen. Extraktreichtum deutet auf einen guten Gehalt an → **Mineralien**, → **Phenolen**, Aromastoffen hin – auf einen Reichtum an Komponenten, die Wein von Wasser unterscheiden.

Extraktion fundamentaler Vorgang der → **Rotweinbereitung**. Da → **Farbe** und → **Tannin** in der Haut der Beeren und nicht im Saft stecken, müssen diese Stoffe erst aus der Schale herausgelöst, »extrahiert« werden. Wärme, mechanische Kraftwirkung (Rühren, Pumpen) und die Beigabe von → **Enzymen** fördern diesen Vorgang. Überdies ist auch der in der → **Gärung** entstehende → **Ethylalkohol** als Lösungsmittel wirksam. Zuletzt spielt noch eine Rolle, wie intensiv das → **Pressen** gehandhabt wird. Vereinfacht kann man sich das Auslaugen der Häute wie das Zubereiten von Schwarztee vorstellen: Langer Kontakt von flüssigen und festen Bestandteilen ergibt mehr Farbe und Tannin, birgt aber auch die Gefahr, dass der Wein bitter wird (»Überextraktion«). Kurze Kontaktzeit führt zu einem milderen, aber helleren und etwas weniger intensiven Resultat. Die Beherrschung der Extraktion ist die wahre Kunst des Weinmachens. Erfahrung und Fingerspitzengefühl des → **Önologen** müssen mit optimalem technischem Handwerkszeug zusammenkommen, damit ein guter Rotwein entstehen kann.

Farbe Eigenschaft, die Rotwein zu solchem macht. Früher, als → **Pflanzenschutz** und → **Kellertechnik** noch wenig entwickelt waren, gab die Farbe eines Rotweins unmittelbar Aufschluss über die Güte der verwendeten Trauben. Heute ist das anders: Fast in jedem → **Jahrgang**, aus jeder Rebsorte und in jedem → **Klima** lassen sich tief dunkelrote Weine produzieren. Über den Reifezustand eines Rotweins macht die Farbe jedoch eine zuverlässige Aussage: Junge Rotweine spielen ins Violette, in reifen Weinen gewinnen ziegelrote, orangetönige Farbanteile die Oberhand. Je breiter die Zone des Rands, in der orangetönige Reflexe schimmern, desto fortgeschrittener ist die → **Flaschenreife**. Auch Weißweine besitzen Farbe. Waren die Trauben mit → **Botrytis** befallen, zeigt der Wein Gold-Töne. Weißweine, die bereits unter → **Oxidation** leiden, haben einen kräftigen, dunklen Gelbton: Sie sind »hochfarbig«.

Färbertraube Rebsorte, deren Trauben große Mengen an Farbstoffen bilden, ohne in ihren Eigenschaften von Geruch und → **Geschmack** besonders hervorzuragen. Bis in die achtziger Jahre hinein war es gestattet, Rotweine aus → **Deutschland** mit so genannten »Deckrotweinen« aus Südeuropa zu färben. Die Erlaubnis endete 1985 – um Abhilfe zu schaffen, schuf die Rebzüchtung Färbertrauben. Die Winzer dürfen jetzt einen kleinen Prozentsatz solcher

Trauben in ihren Weinbergen anbauen und deren tiefdunklen, aber wenig aromatischen Wein mit dem Wein ihrer jeweiligen Rotweinsorte verschneiden. Die Karriere des → **Dornfelder** begann als Färbertraube. Andere Färbersorten sind: Dunkelfelder, Da Capo, Deckrot, Kolor, Teinturier.

Fass Gefäß aus Holz (→ **Eiche**, Kastanie, selten Kirsche), das während des → **Ausbaus** Einfluss auf den Wein nimmt. Am stärksten prägen die kleinen, 225 Liter fassenden → **Barriques** einen Wein. Als Fässer mittleren Formats sind → **Halbstücke** (600 Liter) und → **Tonneaux** (800 bis 1000 Liter) verbreitet. Das Volumen des klassischen großen Holzfasses reicht von 1500 bis zu 20000 Litern und mehr. Die Trommelform des Fasses besitzt den Vorteil, dass sich Trubstoffe in der Wölbung sammeln können: Darüber hinweg lässt sich der klare Wein leichter entnehmen, als dies in einem rechteckigen Gefäß der Fall wäre. Der Ausbau eines Weins im Fass kann ein Übermaß an → **Säure** und → **Tannin** mildern und zur Entfaltung der Aromen beitragen. Die Nachteile des Holzes sind hygienischer Art: Fässer müssen frei von → **Weinstein** gehalten werden und dürfen auch keine Rückstände des → **Schwefels** aufweisen, mit dem sie behandelt werden. Nicht zuletzt sollte das Holz auch niemals austrocknen und frei von Schimmel bleiben.

Fassbrand Bei der Herstellung eines → **Barrique** werden die Holzdauben unmittelbar vor ihrem endgültigen Zusammenbinden über einem offenen Feuer erhitzt. So wird das Holz biegsam und lässt sich zum → **Fass** formen. Je nach Intensität und Dauer des Fassbrands ist die Innenseite des Fasses mehr oder weniger stark geröstet. Dieses so genannte »toasting« gibt später während der ersten und zweiten Befüllung des Fasses Aromen an den Wein ab. Stark getoastete Barriques verleihen ihm intensive Rauch-Aromen, bei hellerem Fassbrand treten vor allem die Vanille-Noten der → **Eiche** über.

Fasswein Wein, der noch im Rohzustand, vor dem Abschluss seines → **Ausbaus**, verkauft wird. Meist handelt es sich um einfachste Weine aus Massenproduktion, die zum → **Verschnitt** oder für eine andere Art der Weiterverarbeitung (z. B. Versektung) genutzt werden. Sie müssen nicht wirklich mit Holz in Berührung gekommen sein.

Fendant Weißwein aus dem → **Wallis** aus der Sorte → **Chasselas**. Fendant ist im Ausland der bekannteste Wein der → **Schweiz**. Er lässt sich gut zu Fondue trinken – doch häufig ist er zu reich an → **Körper**, zu arm an → **Säure** und → **Extrakt** und überdies sehr neutral. Dass er kein höheres Niveau erreicht, liegt nicht zuletzt daran, dass die meisten Trauben für Fendant von Hobby- und Nebenerwerbs-Winzern erzeugt werden.

Filtrieren Ausscheiden von → **Hefen**, Bakterien und anderen festen Bestandteilen aus dem Wein. Die meisten Weine werden mindestens einmal, spätestens vor der Abfüllung in Flaschen, filtriert. Allerdings kann der Filter je nach Größe seiner Poren auch Aromastoffe zurückhalten. Und er entfernt stets etwas → **Farbe** und → **Kohlensäure** – Ersteres ist für Rotweine, Letzteres für Weißweine ein Verlust. Manche einfacheren Weißweine und manche Spitzenrotweine werden daher unfiltriert abgefüllt. »Non filtré«-Weißweine sind oft naturtrüb und nicht sehr lange haltbar. Sie besitzen jedoch in der Jugend eine angenehme Frische. Rotweine, die ohne Filtration abgefüllt werden, klärt man während des → **Ausbaus** durch mehrfaches Umfüllen aus einem → **Fass** in ein anderes so sorgfältig wie möglich. Sie verfügen meist über größere → **Komplexität** als ihre filtrierten Pendants. Ein gewisses Risiko bleibt jedoch zurück: Werden im Wein verbliebene Hefen oder Bakterien aktiv (was z. B. durch die Erwärmung einer Flasche während des Transports geschehen kann), verdirbt der Wein.

Flaschengärung aus der → **Champagne** stammendes Verfahren, → **Schaumwein** zu produzieren, das aus rechtlichen Gründen nicht »Champagner-Verfahren« genannt werden darf. Die darum oft einfach »traditionell« genannte Flaschengärung läuft jedoch für hochwertige Weine aller → **Herkünfte** identisch ab: Der durch die → **Assemblage** der Grundweine enstandene (noch → **stille**) Wein wird zusammen mit → **Hefe** und → **Zucker** oder → **Mostkonzentrat** in stabile, dickwandige Flaschen gefüllt. In diesen beginnt eine alkoholische → **Gärung**. Da die Flasche mit einem Kronkorken fest verschlossen ist, bleibt die entstehende → **Kohlensäure** im Wein. Nach Abschluss dieser »Zweitgärung« werden die Flaschen kopfüber in ein → **Rüttelpult** gesteckt, damit sich die Hefe im Flaschenhals absetzen kann. Sie wird nach einer bis zu mehreren Jahren dauernden Lagerzeit entfernt. → **Degorgieren**.

Flaschenreife Entwicklung eines hochwertigen Weins während seiner Lagerung. Ein faszinierender Vorgang, in dessen Verlauf in einer Flasche Wein zahlreiche biochemische Vorgänge zugleich stattfinden. Bildhaft gesprochen, schaukeln dabei manche der chemischen Reaktionen hin und her – sodass sich »der gleiche« Wein von Flasche zu Flasche und von Zeitpunkt zu Zeitpunkt unterschiedlich präsentieren kann. Drei Qualitätsmerkmale zeichnen die Flaschenreife eines Weins aus: Das Aromenspektrum des → **Buketts** ist voll entfaltet, am Gaumen hat sich die → **Säure** integriert, und das → **Tannin** ist weich und mürbe geworden. Im Allgemeinen wird die Fähigkeit von Weinen, sich lange Zeit in der Flasche positiv zu entwickeln, überschätzt. Es ist nur ein kleiner Prozentsatz von Weinen, die durch ihre außerordentliche Güte über einen Zeitraum von mehreren Jahren hinweg wirklich besser werden. Und nur außergewöhnliche Weine aus besten → **Jahrgängen** können 20, 30 oder sogar 50 Jahre in der Flasche reifen.

Florhefe weißer bis bräunlicher, schaumiger bis filzähnlicher Hefebelag auf der Oberfläche junger → **Sherrys** der Typen Fino und Manzanilla. Die Florhefe ernährt sich von → **Ethylalkohol** und → **Sauerstoff** und sorgt dafür, dass der unter ihr lagernde Wein eine sehr langsame, angenehme Aromastoffe bildende → **Oxidation** erfährt. Ohne die Wirkung der Florhefe entstünde nicht Sherry, sondern Essig! Das biochemische Gleichgewicht zwischen dem Hefepilz, dem Alkoholgehalt des Weins, der Luftfeuchtigkeit und dem nur zum Teil gefüllten → **Fass** ist jedoch sehr sensibel – nur im Gebiet von Jerez stimmen alle Faktoren so zusammen, dass die Produktion von Fino möglich ist. Und nur in einem einzigen Ort, in Sanlúcar de Barrameda an der andalusischen Küste, wächst diese → **Hefe** bis zu einer mehreren Zentimeter dicken Schicht, die den feinsten Sherry, den salzig schmeckenden Manzanilla, hervorbringt.

Foxton Fremdton, der an die Duftmarken eines Fuchses erinnert. Kommt in Weinen vor, die aus amerikanischen Wildreben und den von ihnen abstammenden → **Hybriden** bereitet werden. Auch mit dem Aroma der (überreifen) Walderdbeere wird der Foxton verglichen.

Franken deutsches Anbaugebiet, das zum einen für seine eigenwillige Flaschenform, den Bocksbeutel, bekannt ist, zum anderen für → **durchgegorene** Weißweine von kerniger → **Mineralität**. 6000 Hektar. Als Bodentypen dominieren Buntsandstein (im Mainviereck), → **Muschelkalk** (im Maindreieck) und Keuper (am Steigerwald). → **Frost** ist in Franken eine größere Gefahr als in den meisten anderen Anbaugebieten → **Deutschlands**. Die typische fränkische Spezialität ist → **Silvaner**: Auf guten → **Einzellagen** wächst er zu einem nach Blüten duftenden Wein heran, der trotz seiner harmonischen Anlagen einen feinen Nerv und große Lebendigkeit aufweist. → **Riesling** erlangt einen sehr eigenständigen Charakter: Er fällt nicht ganz so vielschichtig aus wie an Rhein und → **Mosel**, kann aber große Aromentiefe aufweisen. In den letzten Jahren haben allerdings → **Jahrgänge** mit reichem → **Ertrag** und die Abkehr mancher Produzenten vom regionaltypischen durchgegorenen Stil zur Verunsicherung des Markts geführt.

Frankreich zweitgrößtes Weinbauland der Welt (920 000 Hektar Rebfläche), beispielgebend durch das kulturelle Verständnis, das sein Weinbau über die Jahrhunderte für den Wein entwickelt hat. Zwar gibt es auch andernorts auf der Welt Weinberglagen, die von der Natur privilegiert wurden und die dem Ruhm der größten französischen → **Herkünfte** gleichkommen. Doch nirgendwo anders ist der Weinbau so eins mit historischen, kulturellen, sozialen – und kulinarischen! – Aspekten des Lebens. Die fünf international zur Erzeugung von Spitzenweinen beliebtesten Rebsorten (→ **Chardonnay**, → **Sauvignon blanc**, → **Cabernet Sauvignon**, → **Merlot**, → **Syrah**) stammen alle aus Frankreich. Und das französische → **AOC**-System ist – bei allen Schlupflöchern – der nach wie vor seriöseste Entwurf eines staatlichen Kontroll-Mechanismus für Weinqualität. Ein Schlüssel zu dieser Kulturleistung liegt darin, dass der »französische Weinbau« nur als Konstrukt in Statistiken und Lexikonartikeln existiert: Es sind die regionalen Unterschiede, deren natürliche Entfaltung dieses Weinbauland zu einem Vorbild für die ganze Welt gemacht hat.
→ **Bordeaux**, → **Burgund**, → **Champagne**, → **Elsass**, → **Languedoc-Roussillon**, → **Loire**, → **Rhône**, → **Sud-Ouest**.

Frost Temperaturen unter null Grad Celsius, je nach Zeitpunkt des Auftretens eine Gefahr für den Traubenertrag eines einzelnen Jahres oder sogar für den Rebstock im Ganzen. Das Holz der meisten Rebsorten widersteht

Temperaturen bis minus 20, ja minus 25 Grad Celsius. Fällt das Thermometer jedoch tiefer oder hält eine Kälteperiode sehr lange an, sterben die Stöcke ab. Beim häufigeren so genannten Spätfrost sinken die Temperaturen nicht so tief. Doch er kann den Fruchtansatz eines ganzen → **Jahrgangs** vernichten, da er Mitte Mai auftritt, wenn die Reben bereits ausgetrieben haben. Im Herbst entsteht selten Frost, bevor die Trauben voll ausgereift sind. In den Monaten November oder Dezember ist die Kälte willkommen – zur Produktion von → **Eiswein**.

Frucht Oberbegriff für eine Gruppe von Aromen, die man üblicherweise in Beeren, Kernobst, Steinfrüchten usw. findet. Warum ein Wein beispielsweise nach Sauerkirsche riechen kann, obwohl er doch aus Trauben gemacht ist, ist nicht abschließend geklärt. Vermutlich sind verschiedene Pflanzen in der Lage, dieselben organischen Aromastoffe zu bilden. → **Sensorik**.

Frühburgunder Mutation des → **Pinot noir**, die beinahe ausschließlich in → **Deutschland** angebaut wird (vor allem an der → **Ahr** und unter dem Namen → **Clevner** in → **Württemberg**). Seinem Namen wird der Frühburgunder gerecht, indem er bereits Anfang September und damit sechs Wochen vor dem → **Spätburgunder** reift. Der Wein hat eine intensive, milde Frucht und weiches → **Tannin**.

Gamay in ihrem Qualitätspotenzial schwer greifbare rote Rebsorte, die im → **Beaujolais** für banale, zuweilen aber auch für sehr stilvolle Weine verwendet wird. Weltweit 37 000 Hektar, davon etwa 22 000 Hektar im Beaujolais. Weitere Vorkommen an der → **Loire** (5 400 Hektar für einfachen, häufig als → **Verschnitt** mit → **Cabernet franc** produzierten Touraine → **AOC**) und in der → **Schweiz** (2 000 Hektar, vor allem im → **Wallis**).

Glas

Das Glas ist mehr als nur ein Trinkgefäß: Beim Verkosten soll es alle Facetten eines Weins preisgeben und ihn zum Genießen in optimaler Form präsentieren. Farben, Mattierungen, Gravuren aller Art haben an einem Weinglas nichts zu suchen. Ein gutes Weinglas ist dünnwandig und transparent: Nur so lassen sich Farbe und Klarheit des Weins begutachten, und die Lippen können den Glasrand berühren, ohne irritiert zu werden. Der Stiel sollte lang genug sein, um ihn mit den Fingern möglichst weit abseits des Kelches greifen zu können. Der Kelch selbst sollte sich nach oben verjüngen, damit die dem Glas entströmenden Aromen gebündelt werden. Weißweine erfordern ein etwas kleineres Glas: So bleibt der Wein länger kühl. Rotweine vertragen einen größeren, unter Umständen auch bauchigeren Kelch.

Gärung biochemischer Vorgang, durch den → **Most** zu Wein wird, präziser als »alkoholische Gärung« zu bezeichnen. Die Aktivität von → **Hefen** wandelt dabei unter Freisetzung von Wärme → **Zucker** zu → **Ethylalkohol** und → **Kohlensäure** um. Durch die alkoholische Gärung entsteht ebenso viel Kohlensäure wie Ethylalkohol. Als Konsument bemerkt man die Kohlensäure jedoch nur in → **Schaumweinen**: Bei diesen bleibt sie im Wein – in allen anderen Weinen entweicht der bei weitem größte Teil dieses Gases. Von der alkoholischen Gärung ist die → **malolaktische Gärung** zu unterscheiden.

Gärtemperatur während der alkoholischen → **Gärung** herrschende Temperatur. Sie beeinflusst den Wein auf vielerlei Arten: Bei 14 bis 18 Grad Celsius entstehen fruchtig riechende Säure-Alkohol-Verbindungen, so genannte Ester. Höhere Temperaturen führen bei Rotwein zu einer weicheren → **Extraktion** von → **Tanninen**. Bei zu hohen Gärtemperaturen (über 32 Grad Celsius) steigt die Gefahr, dass sich → **Essigsäure** bildet. Bei zu tiefen Gärtemperaturen wiederum stellen die → **Hefen** ihre Tätigkeit ein. Die Kontrolle der Gärtemperatur ist heute Standard der → **Kellertechnik**. Da bei der Gärung Wärme entsteht, wird der Tank oder das → **Fass** in der Regel gekühlt.

Gebinde allgemeiner Ausdruck für ein Gefäß (z. B. Fass oder Stahltank), das der Produktion und dem → **Ausbau** von Wein dient.

Geschmack auf der Zunge wahrgenommener Sinn, der nur vier, nach neuesten Ergebnissen möglicherweise fünf unterschiedliche Reize kennt: süß, sauer, salzig und bitter. Die fünfte Empfindung wird nach dem japanischen Wort für »lecker« als »umami« bezeichnet: Sie wird durch Geschmacksverstärker wie Glutamat hervorgerufen. Ob es im Wein Substanzen gibt, die »umami« schmecken, ist noch nicht erforscht. Das Wort »Geschmack« wird meist fehlerhaft auf Wahrnehmungen bezogen, die in Wirklichkeit dem Geruch zugehören. Es ist beispielsweise falsch zu sagen, der Wein habe einen »Muskatgeschmack«. In Wirklichkeit riecht er nach Muskat. → **Sensorik**.

Geschmacksrichtung Angabe des Grads an → **Süße**, den ein Wein besitzt. Vor allem Weißweine aus nördlichen Klimazonen (→ **Champagne**, → **Deutschland**) gelangen häufig wegen ihres höheren Gehalts an → **Säure** nicht nur in einer → **trockenen** Variante in den Verkehr, sondern auch → **halbtrocken** oder lieblich: Die Winzer runden ihre Weine mit verschiedenen Mengen an → **Restzucker** ab, verschiedene Geschmacksrichtungen entstehen.

Gewürztraminer als Rebe weitgehend mit dem → **Traminer** identisch, als Weintyp jedoch von diesem unterscheidbar. Am Gaumen besitzt ein typischer Gewürztraminer viel → **Körper**, wenig → **Säure** und häufig auch etwas → **Restzucker**. Sein Duft nach Rosenblüten kann sich bis zu einer Intensität steigern, die an Parfum erinnert. Die wichtigsten Herkunftsgebiete sind das → **Elsass** (ca. 2500 Hektar), → **Deutschland** (850 Hektar), → **Österreich** (700 Hektar) und Südtirol (150 Hektar).

Glas → **Seite 46**

Glycerin ein Nebenprodukt der → **Gärung**. Glycerin verstärkt die → **Süße** und verleiht dem Wein Geschmeidigkeit. Da dieser Effekt willkommen ist, wurden einige → **Reinzuchthefen** auf ihre Fähigkeit hin gezüchtet, möglichst viel Glycerin zu bilden. Die meisten Weine enthalten von Natur aus fünf bis zehn Gramm pro Liter, → **edelsüße** Weine auch ein Mehrfaches. Immer wieder kommt es vor, dass Produzenten einem Wein Glycerin zusetzen. Dies ist zwar nicht gesundheitsgefährdend, jedoch illegal.

Grand cru in → **Burgund** die höchste Stufe der → **Klassifikation**, im → **Elsass** bei weniger strenger Auswahl der → **Einzellagen** die einzige. In → **Bordeaux** werden die bedeutenden → **Crus** durch den Zusatz »classé« gekennzeichnet. Der Ausdruck »Grand cru« ist dort einzig in → **St-Emilion** gebräuchlich, und dies eher anspruchslos: Beinahe jedes Weingut innerhalb der Grenzen der → **AOC** darf sich »Grand cru« nennen.
Grand-cru-Weine gibt es auch in einigen Kantonen der → **Schweiz**. Absurd ist dabei die Definition, die im Kanton Waadt am Genfer See gilt: Dort haben nicht nur die Weine der beiden Spitzenlagen Dézaley und Calamin das Recht, sich so zu nennen, sondern unabhängig von ihrer Güte auch alle Weine, die in ihrem Namen Wörter wie → »**Château**« oder → »**Clos**« führen.

Granit kristallines, hartes Gestein, das dem Rebstock in verwitterter Form magere, den → **Ertrag** auf natürliche Weise begrenzende Wachstumsbedingungen bietet. Die Trauben können sich jedoch gut mit → **Mineralien** und Aromastoffen anreichern. Weine, die auf Granitböden gewachsen sind, zeigen sich in der Jugend fest und verschlossen. Mit zunehmender → **Flaschenreife** erringen sie → **Eleganz** und → **Mineralität**. Typische Beispiele sind der Hermitage → **AOC** von der nördlichen → **Rhône** und der → **Beaujolais** aus der Gemeinde-AOC Moulin-à-Vent.

Grauburgunder, auch **Pinot gris**, **Pinot grigio** aus dem → **Pinot noir** mutierte Weißweinsorte mit bronzefarbenen Trauben. Ihre Geschichte ist ein gutes Beispiel für die zuweilen merkwürdigen Effekte des Markts. Grauburgunder ist relativ stark anfällig für → **Botrytis**. Den Winzern erschließen sich dadurch zwei Möglichkeiten: Sie können die Trauben ausreifen lassen und nach einer arbeitsintensiven Selektion des gesunden, zum Teil vielleicht aber auch von → **Edelfäule** befallenen

Leseguts einen aromatischen Wein mit Wucht und Schmelz keltern. Oder sie ernten die Sorte früh, vermeiden damit Risiko und Aufwand und produzieren einen neutralen Wein mit betonter → **Säure**. Grauburgunder der ersten Machart war früher in → **Deutschland** als Ruländer bekannt. Seitdem jedoch italienischer Pinot grigio seinen Siegeszug antrat (der häufig mit hohem → **Ertrag** und ohne hohen Anspruch produziert wird), ist der Ruländer fast völlig vom Markt verschwunden, und auch die deutschen Winzer produzieren den Grauburgunder vorrangig als einfachen, neutralen Wein. Wichtigste Anbaugebiete: → **Italien** (4000 Hektar), Deutschland (3100 Hektar), → **Elsass** (600 Hektar unter der Bezeichnung »Tokay«). → **Österreich**, Ungarn (»Szürkebarat«), → **Schweiz**, → **Neuseeland** und Oregon in den → **USA**.

Graves → **AOC**-Gebiet südlich der Stadt → **Bordeaux**, 3300 Hektar. Der Name der Region verweist auf den Bodentyp: → **Kies**. Berühmt sind vor allem die → **trockenen** Weißweine, die aus den Sorten → **Sauvignon blanc**, → **Sémillon** und zuweilen ein wenig Muscadelle → **assembliert** werden. Die Rotweine folgen dem üblichen Rezept des Bordelais (→ **Cabernet Sauvignon**, → **Merlot**, → **Cabernet franc**) und fallen weicher aus als im → **Médoc**, aber nicht so füllig wie die im → **Libournais** produzierten. Das Graves-Gebiet kennt seit 1959 eine → **Klassifikation**. 1988 fasste eine Neuordnung die besten Zonen zur lokalen AOC → **Pessac-Léognan** zusammen. Dort liegen alle → **klassifizierten** Güter.

Grenache, auch **Garnacha** auf Platz zwei der weltweiten Anbaustatistik stehende Rebsorte (320000 Hektar) mit auffallend wenig Prestige und Bekanntheit, obwohl sie solide und sogar herausragende Rotweine hervorbringen kann. In ihrem Herkunftsland → **Spanien** wächst sie auf 170000 Hektar, in → **Frankreich** auf

100 000 Hektar, in → **Italien** (unter der Bezeichnung Cannonau auf Sardinien) auf 22 000 Hektar. Auch in der → **Neuen Welt** ist Grenache verbreitet (→ **Kalifornien** 7000 Hektar, → **Australien** 2500 Hektar). Im Anbau ist Grenache robust und gut an heißes → **Klima** angepasst. Ihr Wein ist im einfachsten Fall ein hellroter, gegen → **Oxidation** anfälliger Tischwein mit unpassend hohem Alkoholgehalt (oft 15 Volumenprozent). Auf kargen Böden und bei sorgfältiger Pflege können jedoch Weine entstehen, die → **Komplexität**, samtenes → **Tannin** und eine attraktive → **Frucht** aufweisen. In Südfrankreich wird Grenache häufig mit → **Syrah** und → **Mourvèdre** verschnitten, in Spanien mit → **Tempranillo**. Höchsten Ausdruck erlangt Grenache in einigen raren → **sortenreinen** Weinen aus → **Châteauneuf-du-Pâpe**, in denen sich die Frucht der Sorte mit einer festen, sehr langlebigen → **Struktur** vereint.

Großflasche Flasche mit einem Mehrfachen des Inhalts der Normalflasche von 0,75 Liter. In größere Flaschen werden vor allem Weine gefüllt, die besonders alt werden können, z. B. hochwertiger → **Bordeaux** aus besten → **Jahrgängen**. Da Abfüllungen in solche Formate nur in kleiner Auflage durchgeführt werden und da Weine in Großflaschen besonders langsam und besonders gut reifen, sind sie stets rar und gesucht.

Großlage Erfindung des deutschen Weinrechts von 1971. Die Großlage erfasst weitläufige Rebflächen unter einem Namen, der klingt, als handle es sich um eine → **Einzellage**. Das ist verwirrend: Wer traute sich aus dem Stegreif zu sagen, ob es sich beim »Forster Mariengarten« um eine kleine, im 16. Jahrhundert der Kirche gestiftete Parzelle – oder um eine Großlage, also gewissermaßen eine Phantasiebezeichnung, handelt? (Letzteres ist der Fall). Die meisten Großlagen-Weine werden als

Hefe

Den meisten Menschen ist Hefe vom Brotbacken bekannt. Doch man vergegenwärtigt sich selten, dass eine bestimmte Art solcher einzelliger Kleinstlebewesen auch die alkoholische → **Gärung** durchführt – und dadurch größten Einfluss auf die Qualität und sogar den Stil des späteren Weins ausübt. Der für die alkoholische Gärung verantwortliche Hefepilz Saccharomyces ellipsoideus (auch: cerevisiae) kommt in zahllosen Untertypen vor, so genannten Stämmen. Diese unterscheiden sich stark in ihren Eigenschaften. Sie bilden beispielsweise während der Gärung verschiedene Nebenprodukte. Manche Produzenten sind daher überzeugt, dass nur aus dem Weinberg stammende, so genannte »bodenbürtige« Hefestämme einem Wein die typischen Merkmale seiner → **Herkunft** mitgeben können. Weil diese Stämme jedoch die Gärung manchmal zu langsam starten und es dann dazu kommen kann, dass → **Essigsäure** bildende Mikroorganismen die Oberhand gewinnen, bevorzugen es viele Erzeuger, die »wilden« Hefen mit → **Schwefel** zu neutralisieren und im Labor gezüchtete → **Reinzuchthefen** zu verwenden.

Darüber hinaus können verschiedene Hefen auch beim → **Ausbau** eine Rolle spielen – manchmal auf erwünschte Weise (→ **Bâtonnage**, → **Florhefe,** → **sur lie**), manchmal unerwünscht (→ **Böckser**, → **Brettanomyces**).

!!! Darüber, welche Hefen ein Produzent eingesetzt hat, sind oft nur schwer Informationen zu bekommen. Ein guter Fachhändler ist jedoch in der Lage, einen mit Reinzuchthefen (vielleicht sogar mit → **Aromahefen**) vergorenen Wein zu empfehlen und zum Vergleich einen, der mit »indigenen«, »bodenbürtigen« Hefen bereitet wurde. (Gegebenenfalls lässt sich mit diesem Test auch herausfinden, wer ein guter Fachhändler ist.)

→ **Fasswein** gehandelt und landen als → **Verschnitt** im Supermarkt. Auch in → **Österreich** sieht die Gesetzgebung Großlagen vor.

Grüner Veltliner in → **Österreich** beheimatete weiße Rebsorte, die im Spektrum der Weinstile von schlicht bis außergewöhnlich reicht, 20000 Hektar. Der Grüne Veltliner ist die Sorte des »Heurigen«. Als Zechwein fällt er zuweilen recht neutral und nichtssagend aus, im besten Fall gefällt er durch sein typisches »Pfefferl« (einen würzigen Ton, der an schwarzen Pfeffer erinnert). Daneben produzieren Österreichs Winzer aber auch einige ambitionierte, für lange → **Flaschenreife** geeignete Grüne Veltliner mit sehr viel → **Körper** und beachtlicher aromatischer → **Komplexität**. → **Wachau**.

Gutedel → **Chasselas**.

Gutsabfüllung eine → **Erzeugerabfüllung**, die aus einem privaten Weingut, also nicht aus einer → **Winzergenossenschaft**, stammt.

Halbstück traditionelle Fassgröße (600 Liter) im → **Rheingau**. Früher wurden die Halbstücke vor dem ersten Gebrauch behandelt (→ **weingrün** gemacht), damit sie keinen Holzton an den Wein abgaben. Heute wird das Halbstück auch außerhalb des Rheingaus eingesetzt – und zwar dann, wenn man dem Wein einen → **Ausbau** im → **Fass** anmerken soll, die kleineren → **Barriques** den Wein aber zu stark verändern würden.

Halbtrocken → **Geschmacksrichtung**, die auf der Skala zwischen → **trocken** und lieblich angesiedelt ist. Der Gehalt an → **Restzucker** darf bis zu 18 Gramm pro Liter betragen. Halbtrockener → **Schaumwein** enthält mehr als doppelt so viel Zucker (→ **demi-sec**).

Haut-Médoc Anbaugebiet in → **Bordeaux** mit einer besonderen Häufung → **klassifizierter** Güter. Allerdings führen nur wenige dieser Weine die für 4300 Hektar vergebene → **AOC** Haut-Médoc auf dem → **Etikett.** Denn die meisten großen Weine dieser zentralen Region des → **Médoc** stammen aus Orten mit eigener AOC, etwa → **Margaux**, → **Pauillac**, → **St-Estèphe**, → **St-Julien**.

Hefe → **Seite 52**

Herkunft Ursprungsort der Trauben, aus denen ein Wein gemacht wurde. Früher war die Herkunft ein zentrales Qualitätsmerkmal. Winzer und Weinliebhaber wussten den Wein ihres eigenen Dorfs blind von demjenigen der Nachbarn zu unterscheiden. Da der Einfluss technischer Möglichkeiten zunimmt, sind viele Weine heute stärker vom Herstellungsprozess geprägt als von ihrer Herkunft.

Hessische Bergstraße kleines Anbaugebiet in → **Deutschland**, 450 Hektar, davon über 50 Prozent → **Riesling**. Auf eher leichten → **Löss**-Böden entstehen im Wetterschatten des Odenwalds angenehme, sortentypische Weine.

Hochgewächs in → **Deutschland** vor allem im Anbaugebiet → **Mosel-Saar-Ruwer** gebräuchliche Bezeichnung für einen → **Riesling** → **Qualitätswein**, der etwas höhere als die gesetzlich für Qualitätswein festgelegten Anforderungen erfüllt.

Hybride Rebsorte, die aus einer → **Europäerrebe** und einer wilden Rebenspezies gekreuzt wurde. Solche Züchtungen werden in der Hoffnung unternommen, dass die Hybride die Weinqualität einer Europäersorte hervorbringt, im Anbau jedoch die Pflegeleichtigkeit des anderen Elternteils aufweist (insbesondere deren Unempfindlichkeit gegen Pilzkrankheiten). Hybriden spielen eine Bedeutung im → **Öko-Weinbau**, derzeit ist die Rotweinsorte → **Regent** (gekreuzt als [Silvaner x Müller-Thurgau] x Chambourcin) am bekanntesten.

IGT »Indicazione Geografica Tipica«. Klasse italienischer → **Qualitätsweine** mit Angabe der → **Herkunft**. Gegenüber der → **DOC**, die einen relativ eng definierten lokalen Ursprung zum Ausdruck bringt (z. B. → **Chianti**), bezieht sich die IGT jedoch auf größer gefasste Gebiete (z. B. → **Toskana**). Der Idee nach stehen IGT-Weine einen Rang tiefer als DOC-Weine. In der Praxis tragen aber auch viele hochklassige Weine eine IGT-Bezeichnung, weil beispielsweise die für sie verwendeten Rebsorten für die betreffende DOC nicht zugelassen sind. Das Gros der IGT-Weine ist allerdings wirklich von eher schlichter Qualität.

Impériale Flasche mit 6 Litern Inhalt. → **Großflasche**.

Imprägnieren verbreitete Technik, vor allem Weißweinen bei der Abfüllung etwas → **Kohlensäure** zuzusetzen. Imprägnierte Kohlensäure verteilt sich allerdings nicht so fein wie Gärungskohlensäure – der Eindruck der Frische bleibt vordergründig.

Italien facettenreiches Weinbauland, das einige klassische Spitzenweine und eine Fülle regional verwurzelter, reeller Alltagsweine hervorbringt, weltweit Nummer zwei nach Fläche (925 000 Hektar in 20 Regionen). Historisch hat es Italien jedoch weniger als etwa → **Frankreich** geschafft, seine besten Weine in den Rang von international anerkannten Kulturgütern zu positionieren. Ein Problem des Weinlands Italien machten Satelliten-Aufnahmen deutlich: Im Norden wachsen demnach weitaus weniger Reben, als in Büchern steht. Im Süden ist es genau umgekehrt. Da Wein in Italien verbreitet als Lebensmittel des täglichen Bedarfs angesehen wird, gab es früher kaum Vorbehalte dagegen, bekannte Weintypen des Nordens heimlich mit Weinen des Südens zu verschneiden. Italien verfügt jedoch über einen Reichtum authentischer lokaler Weine, den auch die Italiener selbst erst in den letzten 20 Jahren zu entdecken beginnen. Das qualitative Bewusstsein ist dadurch deutlich gestiegen. Doch noch besitzt der italienische Weinbau weiteres Potenzial: Nicht zuletzt eine Vielzahl alter Rebsorten wartet auf ihre (Wieder-)Entdeckung. → **Piemont**, → **Toskana**, → **Süditalien**.

Jahrgang Bezeichnung für die Ernte eines Vegetationsjahrs. Die meisten Weine werden nach Jahrgang separat ausgebaut und abgefüllt. Dabei treten durch die Schwankungen des → **Klimas** deutliche Unterschiede zutage: Eigenschaften, die durch → **Einzellage** und Rebsorte verursacht sind, werden je nach Jahrgang anders akzentuiert. Jahrgangsreiner Ausbau gilt in aller Regel als Qualitätsmerkmal. Bei → **Champagner** und → **Portwein** ist – um für die Basisprodukte markenähnlichen Standard zu erreichen – der Verschnitt verschiedener Jahrgänge üblich, doch auch hier werden die besten Qualitäten jahrgangsrein ausgebaut.

Jeroboam → **Großflasche** mit 4,5 Litern Inhalt (entsprechend sechs Normalflaschen).

Kabinett in → **Deutschland** ein → **Prädikatswein**, in → **Österreich** ein → **trockener** → **Qualitätswein**, der aus ausgereiften, aber nicht überreifen Trauben gekeltert wird. Ein Kabinett darf nicht angereichert werden, ist leicht im Alkoholgehalt und sollte sich durch Eleganz und Klarheit der Aromen auszeichnen. Mit der Bezeichnung »Cabinet« wurden im → **Rheingau** seit dem 18. Jahrhundert diejenigen → **Riesling**-Weine etikettiert, die einen Lagerplatz im abgeschiedensten Teil des Kellers verdienten.

Kalifornien bedeutendster Weinbau treibender Bundesstaat der → **USA**, 280 000 Hektar (davon 130 000 Hektar Tafeltrauben). Die Rebsorten → **Frankreichs** dominieren: → **Chardonnay**, → **Cabernet Sauvignon** und → **Merlot**, überdies ist der kraftvolle → **Zinfandel** eine kalifornische Spezialität. Schon 1770 brachten Franziskaner-Mönche den Weinbau nach Kalifornien, europäische Einwanderer verbreiteten ihn im 19. Jahrhundert. Nach der Prohibition (1920–1933) kam der Neuaufbau nur zögerlich in Gang. Erst in den siebziger Jahren gewannen Weine aus dem Napa Valley internationale Anerkennung. Der Aufschwung ging von einem unbekümmerten Technologieverständnis aus, das jedoch auch die Produktion industriell gefertigter, auf Moden zugeschnittener Weine begünstigte. Das Klischee stark von → **Eiche** geprägter, plumper → **Chardonnay** oder → **Cabernet Sauvignon** findet man bei vielen mittelmäßigen Weinen (und auch bei einigen → **Kultweinen**) noch immer erfüllt. Mittlerweile wird der Stil kalifornischer Weine jedoch differenzierter – erkennbar z. B. daran, dass neben den Namen der »counties« wie Napa, Sonoma, Santa Barbara, Monterey, Mendocino auf → **Etiketten** zunehmend auch deren Unterbereiche an Bedeutung gewinnen.

Kalk mineralisches Gestein, dessen Vorkommen im Boden dem Wein eine charakteristische Würze mitgibt. Da Kalkstein (Kalziumkarbonat) hart ist und die Wurzeln der Reben nicht eindringen lässt, ist es eigentlich ein Rätsel, welchen direkten Einfluss die → **Mineralien** auf den Stoffwechsel der Rebe und die Bildung von Aromastoffen in den Beeren nehmen können. Auf jeden Fall verbessern kalkhaltige Böden jedoch die Reifebedingungen der Traube. Die Böden erwärmen sich leicht und helfen, den Wasserhaushalt zu regulieren: In oberen Bodenschichten sorgen sie für die Drainage überflüssigen Wassers, während die tieferen Schichten häufig ein Wasser-Reservoir aufweisen, auf das die Reben in trockenen Perioden zugreifen können. Weitere Formen kalkhaltiger Böden sind → **Muschelkalk**, → **Löss**, der mit Gips durchsetzte Keuper sowie der krümelige, aus Kalk und Ton bestehende Mergel.

Kellertechnik Arbeitsbereich der → **Önologie**, der sich mit der Verwandlung von Trauben in Wein beschäftigt, also mit der → **Extraktion** der Inhaltsstoffe aus den Trauben, der → **Gärung** und dem → **Ausbau** des Weins. Kellertechnik kann auch im besten Fall nicht mehr erreichen, als die Güte der Trauben zu erhalten, die im Weinberg erarbeitet wurde. Daher bedient sich ein guter Produzent einfacher, zurückhaltender Verfahren. Nur industrielle Massenweine werden im Keller »gemacht«.

Kelterung einzelner Pressvorgang bei der Weinbereitung. Oft unterscheidet man bei der Herstellung desselben Weins verschiedene Kelterungen: Sind so viele Trauben vorhanden, dass sie auf mehrere → **Gebinde** (Tanks oder Fässer) verteilt werden müssen, entstehen durch das → **Pressen** der einzelnen Partien verschiedene Weine. Erst vor der Abfüllung werden diese wieder miteinander gemischt, rückverschnitten, wobei der Kellermeister oder → **Önologe** gegebenenfalls Kelterungen ausscheiden kann, die durch weniger gute Trauben schwächer ausgefallen sind oder die einen Fehler haben, etwa einen → **Böckser** (→ **Weinfehler**).

Kies steiniger Bodentyp. Da ein Boden, der viele Steine enthält, wenig wuchskräftig ist, fördern Kiesböden niederen → **Ertrag** und damit Weine mit hohem → **Extrakt**. Überdies regulieren Kiesböden den Wasserhaushalt: In Regenperioden fließt das Wasser sofort ab. Die berühmtesten Kiesböden findet man in → **Bordeaux** am linken Ufer der Gironde. Auch → **Neuseeland** verfügt über ein interessantes Gebiet mit Kiesböden, die Hawke's Bay.

Klassifikation Aufstellung herausragender Weingüter oder → **Einzellagen**, häufig in verschiedene Güteklassen gegliedert. Die beiden berühmtesten Klassifikationen wurden Mitte des 19. Jahrhunderts aufgestellt: 1855 wurden die besten Güter des → **Médoc** in fünf Güteklassen unterteilt, 1861 erfolgte die Katalogisierung der → **Grands crus** der → **Côte d'Or**. Beide Klassifikationen gelten mit geringsten Änderungen noch heute. Im letzten Vierteljahrhundert führten auch andere europäische Regionen Klassifikationen ein. Diese Modelle aber wurden nicht vom Markt, sondern von den Produzenten selbst geschaffen und sind deshalb häufig nicht sehr verlässlich (→ **Elsass**, → **Erstes Gewächs**). Die erwähnten historischen Klassifikationen in → **Bordeaux** und → **Burgund** gingen hingegen aus Listen hervor, die im Weinhandel bereits jahrzehntelang vor ihrer offiziellen Festschreibung kursierten.

Klärung Maßnahme der → **Kellertechnik**, um Trübstoffe aus → **Most** oder Wein zu entfernen. Aus dem Most werden durch die »Vorklärung« (entweder durch bloßes Absetzenlassen oder, weniger schonend, durch Zentrifugieren) in der Regel nur die gröbsten Feststoffe entfernt. Die endgültige Klärung des Weins findet meist durch → **Filtrieren** statt. Über die ideale Stärke der Klärung gehen die Meinungen auseinander. Während Mikrobiologen massive Eingriffe bis hin zur Steril-Filtration des Weins empfehlen, bevorzugen viele traditionell arbeitende Winzer zurückhaltendere Maßnahmen. Manche verzichten sogar völlig auf das Filtrieren und begnügen sich damit, den Wein zur Klärung einige Male von → **Fass** zu Fass umzufüllen: Dabei bleibt jedesmal etwas Trub am Fassboden zurück.

Klima Summe der Witterungsbedingungen: Licht, Wind, Wärme, Niederschlag. Das Klima begrenzt das Verbreitungsgebiet der Weinrebe und entscheidet wesentlich mit darüber, welche Rebsorte an einem gegebenen Ort gut

Kork

Jeder Weinliebhaber kennt den frustrierenden Moment, in dem aus einer frisch geöffneten Flasche Wein muffiger Geruch dringt: »Kork!« Penicillium roquefortii, ein Pilz, der bei der Produktion von Blauschimmelkäse schmackhafte Auswirkungen hat, hat sich im Korken breitgemacht und den Wein verdorben. In den letzten Jahren haben die Probleme mit »Korkschmeckern« eine Quote von fünf bis zehn Prozent erreicht. Guter Rohkork wird offenbar immer seltener: Er wird aus der Rinde der Korkeiche gewonnen, und dieser Baum wächst nur in wenigen Ländern: vor allem in → **Portugal**, → **Spanien** und auf Sardinien. Die Rinde einer Korkeiche sollte nur alle neun Jahre geschält werden, und danach dauert es erneut mehrere Jahre, bis die geschälte Rinde jenen Grad an Dehnbarkeit erlangt hat, die für einen fest sitzenden Verschluss erforderlich ist. Eigentlich sollte Kork mit derselben Sorgfalt produziert werden wie Wein. Doch viele Winzer sind die Diskussionen mit ihren Korklieferanten leid und beginnen, alternative Flaschenverschlüsse zu verwenden. Bereits seit den fünfziger Jahren ist klar, dass Weine unter Kronkorken oder Drehverschlüssen ebenso gut reifen wie unter Kork: Denn Weine »atmen« nicht. Alle zur → **Flaschenreife** notwendigen Substanzen stecken in der Flasche selbst.

!!! Besonders tückisch sind schwache, »schleichende« Korkfehler. Die → **Frucht** des Weines ist stumpf, ohne dass man den Fehler klar erfassen könnte. Auch Fachleute verzweifeln an solchen Weinen. Die Nagelprobe besteht darin, eine zweite Flasche zu öffnen. Hat man keine zur Hand, kann es helfen, zwei Teile lauwarmes Wasser in den Wein zu geben: Korkfehler treten dann deutlicher hervor.

gedeiht. Ein häufig anzutreffendes Missverständnis setzt viel Sonne mit gutem Wein gleich. Die meisten Weinbauregionen der Welt haben jedoch damit zu kämpfen, dass ihr Klima zu sonnig und zu warm ist. Reifen die Trauben zu schnell, erlangen sie nicht die → **Komplexität** der Aromen, die für große Weine erforderlich ist. Häufig fehlt es solchen Weinen auch an → **Säure**, und ihr hoher Alkoholgehalt tritt auf unharmonische Weise hervor. Die meisten legendären Weine wachsen in Zonen mit gemäßigtem, eher kühlem Grundklima. Weinberge mit gutem → **Mikroklima** lassen Trauben aber auch unter solchen Bedingungen sehr gut gedeihen und fördern zugleich durch das langsamere Ausreifen die Bildung von Aromastoffen.

Kohlensäure chemisch korrekt »Kohlendioxid«. Die bei Raumtemperatur gasförmige Substanz entsteht bei der Weinbereitung in erheblichen Mengen: Während der → **Gärung** besteht durch die austretende Kohlensäure sogar Erstickungsgefahr. → **Schaumwein** schäumt, weil die bei der → **Flaschengärung** entstandene Kohlensäure nicht entweicht, sondern im Wein bleibt. → **Stiller** Weißwein wirkt durch einen Rest Gärungskohlensäure besonders frisch. → **Malolaktische Gärung**, → **Imprägnieren**.

Kohlensäuremaischung frz. »macération carbonique«. Im → **Beaujolais** ursprüngliches, inzwischen auch in Südfrankreich erprobtes Verfahren der Rotweinbereitung. Dabei werden Trauben weder → **abgebeert** noch zerkleinert, sondern im Ganzen in einen Bottich gegeben. Nun beginnen zwei Prozesse, die → **Kohlensäure** freisetzen: In den Beeren bildet die → **malolaktische Gärung** dieses Gas. Am Grund des Bottichs tritt zudem durch das Eigengewicht der Trauben → **Most** aus, und eine alkoholische → **Gärung** setzt ein. So wird das Gärbehältnis allmählich mit Kohlensäure überlagert (manchmal geben die Winzer allerdings auch zusätzlich Kohlensäure aus der Gasflasche zu). Die Kohlensäure verhindert, dass → **Sauerstoff** an die gärenden Trauben gelangt. Es entsteht ein Wein mit sehr frisch wirkender → **Frucht**. Zudem bilden → **Enzyme** in den intakten Beeren → **Glycerin**, das den Wein geschmeidig erscheinen lässt. Durch »macération carbonique« bereitete Weine sind in der Jugend von strahlender Intensität, lassen aber meist nach zwei bis drei Jahren deutlich nach.

Komplexität Vielfalt der Aromen bei harmonischem Gleichgewicht des → **Geschmacks**. In kühlerem Klima können → **sortenreine** Weine große Komplexität erlangen, in wärmeren Klimazonen – die den Trauben ausgeglichene Reifebedingungen bieten – ist es üblich, verschiedene Rebsorten zu → **assemblieren**, um Komplexität zu erlangen.

Kork → **Seite 60**

Körper Begriff, der die Empfindung von Fülle, Gewicht und Viskosität eines Weins im Mund beschreibt. Die Reize für diese Wahrnehmung kommen im Wesentlichen durch die Berührung des Weins mit der Mundschleimhaut zustande. Ein körperreicher Wein besitzt vor allem hohen Alkoholgehalt, aber auch → **Glycerin**. Körperreichtum kann im → **Geschmack** den Eindruck von → **Süße** erwecken. Dabei ist Körper nicht gleichbedeutend mit → **Extrakt**. Es gibt extraktreiche Weine, die wenig Körper besitzen: Vor allem Weißweine können selbst bei niedrigem Alkoholgehalt sehr extraktreich sein. Häufiger anzutreffen sind körperreiche Weine, die über wenig Extrakt verfügen – sie jedoch sind weder harmonisch noch sonst bemerkenswert. → **Sensorik**.

Kreide poröse Form des → **Kalk**. In Kreide können die Wurzeln der Rebe eindringen und auf direktem Weg → **Mineralien** aufnehmen. Darum erlangen auf Kreideboden gewachsene Weine eine besonders eindringliche → **Mineralität**, beispielsweise in der → **Champagne**.

Küfer Handwerker, der → **Fässer** herstellt. Früher waren Küfer in jedem größeren Weinbauort ansässig. Zu ihren Aufgaben gehörte das Ausbessern älterer Holzfässer, und manchmal übernahmen sie sogar den → **Ausbau** von Weinen. Durch das Aufkommen des Stahltanks (und anderer Behältnisse – nicht nur im Bereich des Weins!) starb das Küfer-Handwerk beinahe aus. Seitdem weltweit → **Barriques** eingesetzt werden, beherrschen Küfereien in → **Burgund**, → **Bordeaux** und in anderen Gebieten, die traditionell diese Fassgröße verwenden, den Markt. Viele dieser Betriebe arbeiten industriell und stoßen mehrere tausend Fässer pro Monat aus. Praktisch für die Winzer: Da diese Fässer in ihren Eigenschaften konstant wie eine Marke sind, helfen sie, den Ausbau zu standardisieren.

Kultwein Wein, der durch beste Bewertungen in der Presse und durch seine Rarität eine Nachfrage erlangt hat, die das Angebot bei weitem übersteigt – und der entsprechend teuer ist. Kultweine sind eine Erfindung der zweiten Hälfte des 20. Jahrhunderts. Oft sind sie das Produkt enthusiastischer Quereinsteiger und werden in der sprichwörtlichen Garage gekeltert. Eine ihrer hervorstechenden Eigenschaften ist, dass sie kaum jemand tatsächlich selbst probiert hat und dass ihr Ruhm fast ausschließlich auf dem Hörensagen beruht.

Kupfer Metall, das in der → **Kellertechnik** als Mittel zur → **Schönung**, also zur Verbesserung fehlerhafter Weine, verwendet wird. Manche sehr unangenehm riechenden → **Böckser** können mit Kupfer entfernt werden. Stellt man zu Hause bei einem Wein einen solchen Fehler fest, lässt sich eine vereinfachte Kupferschönung mit Hilfe eines Centstücks durchführen, das in das → **Glas** geworfen wird. Kupfer ist auch Bestandteil der »brouillie bordelaise«, einer traditionellen Mischung, die im → **Pflanzenschutz** gegen Pilzerkrankungen eingesetzt wird.

Lagrein beachtenswerte Traube für Rotwein in Südtirol (400 Hektar). Lagrein erlangt nur in besten Lagen volle Reife – dann jedoch erbringt die Rebsorte einen tieffarbenen, stoffigen Rotwein (»Lagrein scuro«) oder eine roséfarbene bis hellrote, fruchtige Variante (»Lagrein Kretzer«).

Lambrusco Rotwein zwiespältigen Charakters, der in der mittelitalienischen Region Emilia und im benachbarten Teil der Lombardei aus der gleichnamigen Rebsorte bereitet wird (3500 Hektar in vier → **DOC**-Bereichen). Meist gelangt er als leicht schäumender, mit mehr oder weniger → **Restzucker** harmonisierter Wein in den Verkauf. Billigprodukte in Zwei-Liter-Flaschen haben den Namen in Verruf gebracht. Doch solide bereiteter, nicht im Übermaß süßer Lambrusco ist mit seiner rustikalen, doch fruchtigen Art ansprechend und erfrischend. Selten ist auch noch Lambrusco zu finden, der in → **Flaschengärung** bereitet wurde.

Landwein eine Kategorie, die in der Qualitätspyramide fast aller europäischen Weinbauländer zwischen → **Tafelweinen** und kontrollierten Ursprungsbezeichnungen steht, z.B. »Vin du Pays« in Frankreich, »Vino de la Tierra« in Spanien. In → **Deutschland** muss Landwein → **trocken** oder → **halbtrocken** sein. Die Herkunftsgebiete sind enger gefasst als beim → **Tafelwein**.

Langhe (ital.: »Zungen«). Malerisches Hügelgebiet südlich der Stadt Alba im → **Piemont**. Es ist berühmt für seine auf Mergelböden (→ **Kalk**) gewachsenen, aus der Sorte → **Nebbiolo** gekelterten → **DOCG**-Weine → **Barbaresco** und → **Barolo**. Weine, die unter der → **DOC** Langhe in den Verkauf gelangen, sind häufig aus Rebsorten bereitet, die keine Tradition im Piemont besitzen und daher von den Statuten für DOCG-Weine ausgeschlossen sind.

Languedoc-Roussillon die Anbaugebiete, die sich im Süden → **Frankreichs** der Mittelmeerküste entlang und etwa 80 Kilometer landeinwärts erstrecken. Ein gigantischer Weinlieferant: 340000 Hektar. So heterogen die 28 verschiedenen → **AOC**-Gebiete sind, so sehr haben sie doch eines gemein: Sie befinden sich in einem Umbauprozess. Überall verliert die Massenproduktion von → **Tafelwein** (am bekanntesten sind die Bezeichnungen Hérault, Aude, Gard und d'Oc) an Bedeutung. Stattdessen bemühen sich viele Winzer darum, typische lokale Weine auf hohem Niveau zu erzeugen. Die reichen Vorkommen alter Reben (→ **Vieilles vignes**) und die Vielfalt unterschiedlicher → **Terroirs** macht AOC-Gebiete wie Côteaux du Languedoc, Côtes du Roussillon, Corbières, Fitou oder Minervois zu Fundgruben sehr guter, dennoch preiswerter Weine. Rotweine überwiegen, die dominanten Sorten sind → **Grenache**, → **Syrah**, → **Cinsault**, → **Mourvèdre**.

Lehm Bodenform mit unterschiedlichen Ausprägungen. Das Spektrum reicht vom einfachen, schweren Ackerboden, auf dem kaum bemerkenswerter Wein zu erzeugen ist, bis hin zu mineralreichen »farbigen« Böden, die Weine mit sehr viel Kraft, aber auch → **Komplexität** hervorbringen können. Da Lehmböden dazu neigen, Wasser zu speichern, sind sie in niederschlagsreichen Gebieten weniger für den Weinbau geeignet. An niederschlagsarmen Orten oder in Jahren mit trockenen Sommern kann diese Eigenschaft allerdings sehr vorteilhaft sein.

Lemberger veraltet auch **Limberger**, in → **Österreich** **Blaufränkisch**, in Ungarn **Kékfrankos** spät reifende, anspruchsvolle, qualitativ hochwertige rote Traube, die im warmen → **Klima** des → **Burgenlands** (3000 Hektar) konzentrierte, vor → **Tannin** und → **Frucht** strotzende Rotweine mit guter Eignung zur → **Flaschenreife** hervorbringen kann. In → **Deutschland** beschränkt sich der Anbau auf → **Württemberg** (1350 Hektar). Hier werden aus der Sorte kernige, elegante Weine gekeltert, die allerdings nur bei niedrigsten → **Erträgen** sortentypische Tiefe und Langlebigkeit erlangen.

Libournais im Nordosten des Bordelais rund um die Stadt Libourne gelegenes Gebiet, die Hochburg des → **Merlot**. In den prestigereichen → **AOC** → **St-Emilion** und → **Pomerol** sowie in Fronsac und in einer Vielzahl umliegender »Satelliten«- AOC werden Weine produziert, die mit Fülle, milder → **Frucht** und relativ mürbem → **Tannin** den stilistischen Gegenpol zu den eher fest gebauten, herben Weinen des → **Médoc** darstellen.

Liebfrauenmilch ursprünglich ein → **Riesling** aus den Weinbergen der Liebfrauenkirche in Worms (der heutigen → **Einzellage** »Wormser Liebfrauenstift-Kirchenstück«) in → **Rheinhessen**. Liebreiz und Würze dieser Weine führten Ende des 19. Jahrhunderts zu einem Boom an Nachahmer-Produkten. Heute werden jährlich gut 100 Millionen Liter Liebfrauenmilch produziert und hauptsächlich über ausländische Supermarkt-Ketten vertrieben. Es sind diese banalen, pappigen Weine, die für den schlechten Ruf deutscher Weine im Ausland verantwortlich sind. »Liebfrauenmilch« oder »Liebfraumilch« kann heute in ganz Rheinhessen, überdies an der → **Nahe**, in der → **Pfalz** und im → **Rheingau** produziert werden.

Löss leichter Bodentyp, durch Windablagerungen von Ton- und feinsten Sandpartikeln entstanden. Die Anwehungen können bis zu zehn Meter Höhe erreichen. Löss enthält oft → **Kalk**, erwärmt sich leicht, schafft ein gutes → **Mikroklima** im Weinberg und bringt ausdrucksstarke, aromatische Weine hervor, die sich für eine → **Flaschenreife** mittlerer Dauer eignen. Berühmt sind die Lössterrassen am Kaiserstuhl in → **Baden**.

Loire Fluss, der aus dem Zentralmassiv quer durch → **Frankreich** und an zahlreichen Anbaugebieten vorbei hindurch zum Atlantik strömt. Vier Weintypen stehen für die Weine der Loire: Aus der Zone von → **Sancerre** und Pouilly-Fumé im Osten des Flusslaufs kommen → **Sauvignon-blanc**-Weißweine, die mit ihrer → **Mineralität** und ihrem Aromenreichtum weltweit zu Vorbildern für Weine dieser Sorte wurden. Die mittlere Loire ist das Gebiet der eigenwilligen Weißweinsorte → **Chenin blanc**, und sie ist das Herkunftsgebiet des → **Cabernet franc**. Ganz im Westen, nahe der Mündung der Loire in den Atlantik, wird der Muscadet Sèvre-et-Maine angebaut, ein sehr trockener, spritziger, unkomplizierter, meist auf der Hefe, → **sur lie** ausgebauter Weißwein, der – anders als der Name vermuten lässt – mit einem → **Muscat** weder Ähnlichkeit noch Verwandtschaft besitzt.

Luftton während des → **Ausbaus**, aber auch später im Verlauf der → **Flaschenreife** drohender → **Weinfehler**, der auf → **Oxidation** des → **Ethylalkohols** zu → **Acetaldehyd** zurückzuführen ist. Weine mit Luftton sind charakteristisch dunkel und weisen einen Geruch nach Fallobst und angebissenem Apfel auf. Der Luftton kann durch Zugabe von → **Schwefel** beseitigt werden – theoretisch auch noch, nachdem der Wein bereits einige Jahre in der Flasche lagerte.

Madeira würziger Wein, der unter dem Einfluss des warmen → **Klimas** dieser portugiesischen Insel während des → **Ausbaus** oxidiert. Er wird in verschiedenen, stets aber durch Alkoholzugabe (→ **Spriten**) verstärkten Typen produziert. Madeira stammt aus weißen Trauben, nimmt jedoch während der Reifung (in der → **Solera**) eine dunkle → **Farbe** an. Er ist extrem lagerfähig: Auch Weine aus dem 18. und 19. Jahrhundert zeigen sich heute noch in großer Form. Bekannter ist Madeira als Kochwein.

M

Magnum Flasche mit 1,5 Litern Inhalt. → **Großflasche**.

Maische Gemenge aus flüssigen und festen Bestandteilen von (zerteilten und gequetschten) Trauben. → **Most**, Beerenschalen, Fruchtfleisch und Kerne (falls auf das → **Abbeeren** verzichtet wurde, auch Stiele) bilden zusammen eine Masse, die zu gären beginnt. Bei der → **Rotweinbereitung** erhält der Wein erst durch den intensiven Kontakt der einzelnen Bestandteile der Maische → **Farbe** und → **Tannin**. Weißweintrauben werden in der Regel nicht eingemaischt.

Maischerhitzung Form der → **Rotweinbereitung**, bei der → **Farbe** und → **Tannin** durch eine wenige Minuten dauernde Erhitzung der → **Maische** auf etwa 90 Grad Celsius gewonnen werden. Nachdem sich die Maische wieder abgekühlt hat, gelangt sie unmittelbar zur → **Presse**. Erst danach beginnt die → **Gärung**.

Málaga in Vergessenheit geratener, potenziell großartiger Süßwein aus dem Süden → **Spaniens**. Málaga wird aus Trauben bereitet, deren Beeren zu Rosinen eingetrocknet sind. Manchmal wird die → **Gärung** mit Alkohol gestoppt, um besonders viel der üppigen Süße zu erhalten, und überdies ist auch der Zusatz von konserviertem süßem → **Most** gebräuchlich. Der Málaga wird danach im → **Solera**-System gereift. Traditionelle, ursprüngliche Weine sind heute kaum noch zu finden – die Rebfläche der Region ist auf 900 Hektar geschrumpft.

Malbec rote Traubensorte, die einen sehr dunklen, etwas derben Wein erbringt. In ihrer Herkunftsregion → **Bordeaux** spielt sie nur noch eine Nebenrolle, allerdings wächst sie im nicht weit entfernten Gebiet von

Cahors (→ **Sud Ouest**) auf 2000 Hektar. In → **Argentinien** gilt Malbec als Hoffnungsträger – mit 20000 Hektar nimmt die Sorte dort immerhin ein Zehntel der gesamten Rebfläche ein.

Malolaktische Gärung Fermentation, die im Wein enthaltene aggressiv schmeckende Äpfelsäure in mildere Milchsäure umwandelt. Die malolaktische Gärung setzt häufig im Frühjahr ein, wenn sich die Keller erwärmen. Sie kann sich jedoch auch unmittelbar an die alkoholische → **Gärung** anschließen. Ebenso wie jene bildet sie nebenbei → **Kohlensäure**. Eine Gefahr während der malolaktischen Gärung ist das Entstehen eines Geruchs, der an Sauerkraut erinnert. Um diesen Ton zu verhindern, müssen die Önologen darüber wachen, dass nur das Milchsäurebakterium Leuconostoc oenos aktiv ist und keine anderen Mikroorganismen. Für den Weinstil ist die Frage, ob der »biologische Säureabbau« durchgeführt oder (mit → **Schwefel** und Kälte) verhindert wird, eine Richtungswahl. Ein typischer → **Riesling** etwa benötigt seine ursprüngliche → **Säure**. Weißweine, die im → **Barrique** vergoren wurden, erfahren hingegen durch den Säureabbau die stilistisch konsequente Abrundung, und auch bei Rotweinen führt man ihn stets durch.

Margaux → **AOC** aus dem → **Médoc**, bekannt für Rotwein mit ausgeprägtem Duft, der den für → **Bordeaux** charakteristischen Reichtum an → **Extrakt** mit großer Feinheit verbindet.

Maschinenlese umstrittenes Verfahren der Traubenlese. Für das maschinelle Abernten der Trauben spricht, dass es auch auf größten Ertragsflächen schnell und unabhängig von menschlichen Arbeitskräften erfolgen kann – so können die Winzer effektiv auf einen drohenden Umschwung des Wetters reagieren. Dennoch bevorzugen

Spitzenproduzenten fast ausnahmslos die (teurere) Handlese: Durch sie können schon im Weinberg gute von schlechten Trauben gesondert und sogar einzelne Beeren ausgelesen werden.

Médoc das aristokratischste Anbaugebiet des Bordelais, insgesamt 14900 Hektar. Es erstreckt sich nördlich der Stadt → **Bordeaux** 80 Kilometer links der Gironde. Das Médoc produziert fast ausschließlich Rotwein. Es teilt sich in zwei Gebiete: Ganz im Norden liegt zum einen das umgangssprachlich »Bas«-Médoc, als → **AOC** kurz »Médoc« genannte Gebiet (4700 Hektar). Hier gibt es keine → **klassifizierten** Güter. Auf Boden mit viel → **Lehm** wachsen robuste, zuweilen etwas rustikale Weine, die aber in ihrer Lagerfähigkeit manchen teureren Weinen gleichkommen. Im südlicheren Teilgebiet → **Haut-Médoc** mit seinen berühmten Weinbaugemeinden sind die Böden reich an → **Kies**. Hier, im Stammland des → **Cabernet Sauvignon**, liegen besonders viele klassifizierte Güter.

Mehltau Bezeichnung für zwei verschiedene, an einem mehligen Belag auf Blättern oder Beeren erkennbare Pilzkrankheiten. Der Echte Mehltau (»Oïdium«) kann bereits während der Blüte den Fruchtansatz befallen und den → **Ertrag** zerstören. Gelangt die Oïdium-Infektion auf die Beeren, verursacht sie einen Fehlton im Wein. Noch verbreiteter ist jedoch der Falsche Mehltau (»Peronospora«), der das Laub schädigt und dadurch die Fähigkeit des Rebstocks zur Photosynthese herabsetzt. So kann die Rebe weniger Zucker bilden – die Trauben werden nicht richtig reif. Beiden Krankheiten kann der Winzer durch gute Pflege der Reben und mit chemischen Mitteln entgegentreten (→ **Pflanzenschutz**). Dennoch bleibt die Bedrohung so groß, dass immer wieder → **Neuzüchtungen** erprobt werden, die gegen Mehltau unempfindlich sind (→ **Hybride**).

Menge-Güte-Gesetz Faustregel für den Anbau von guten Weinen: Je weniger Trauben in einem Weinberg geerntet werden, desto besser ist später der Wein. Alle Nährstoffe und alle Aromastoffe, die zur Verfügung stehen, konzentrieren sich dann in einer geringeren Menge Wein. Weine aus Trauben, die mit hohem → **Ertrag** produziert wurden, weisen hingegen weniger → **Extrakt** auf und sind – wie die Forschung gezeigt hat – überdies auch anfälliger für → **Weinfehler**.

Merlot rote, ursprünglich aus → **Bordeaux** stammende Traube, die in den letzten zehn Jahren immer beliebter wurde. Sie ist heute weltweit die dritthäufigst angebaute Sorte für Rotwein (160 000 Hektar). Merlot verbindet eine vielschichtige → **Frucht** mit angenehm mildem → **Tannin**. Auch im Anbau ist die Traube dankbar, denn sie reift relativ früh und gibt sich mit mittelmäßigen Standorten zufrieden. Nicht zuletzt ist die Sorte auch zum → **Verschnitt** gut zu gebrauchen: Kleinere Anteile Merlot sind im Duft einer → **Cuvée** kaum zu erkennen, und dennoch gewinnt der Wein im → **Geschmack** an Fülle und Rundheit. Hauptanbaugebiete: in Europa vor allem Bordeaux, Norditalien, das → **Tessin** sowie Bulgarien, Rumänien und Moldawien. In der → **Neuen Welt** ist Merlot allerorts zu finden.

Mikroklima »Kleinklima«. Summe klimatischer Faktoren, die nicht vom → **Klima** eines Gebiets im Ganzen abhängig sind, sondern Ursachen innerhalb eines Weinbergs und in seiner direkten Umgebung haben. Eine der Mittagssonne zugewandte Ausrichtung am Hang, eine Mulde, in der sich Wärme sammelt, Wärme reflektierende Steine, Windschutz gebende Mauern oder die Nähe eines Gewässers schaffen auf begrenztem Raum Reifebedingungen, die denen eines großklimatisch günstigeren Gebiets überlegen sein können. Vor allem in Anbaugebieten, deren Klima nur knapp für den Weinbau geeignet sind, kommt dem Mikroklima große Wichtigkeit zu.

Mineralien Salze. Wein weist von ihnen im Durchschnitt zwei bis vier Gramm pro Liter auf. Vor allem Kalium (bis zu einem Gramm pro Liter) und Phosphor (bis 0,2 Gramm pro Liter), aber auch Magnesium und Kalzium (je 60 bis 140 Milligramm pro Liter) enthält Wein in vielfach höheren Dosen als Mineralwasser. Der Anteil an Natrium im Wein ist hingegen relativ gering (etwa 10 Milligramm pro Liter).

Mineralität Reichtum eines Weins an Aromen, die an den Geruch des Bodens oder eines Gesteins erinnern. Besonders intensive Mineralnoten treten beispielsweise bei → **Riesling**-Weinen aus dem Anbaugebiet → **Mosel-Saar-Ruwer** zutage (wo der Boden → **Schiefer** aufweist), bei → **Chablis** und → **Sancerre** (→ **Muschelkalk**) – und in einem reifen → **St-Estèphe** (→ **Kies**). Mineralität kann sich auch durch einen salzigen → **Geschmack** zeigen, wie in guten → **Champagnern** und beim Manzanilla (→ **Sherry**). Allerdings bringt ein mineralstoffreicher Boden nicht von selbst die Mineralität eines Weins hervor: Die Arbeitsweise des Produzenten besitzt großen Einfluss. → **Sensorik**, → **Terroir**.

Mischsatz in früheren Jahrhunderten üblicher gemischter Anbau mehrerer Rebsorten im selben Weinberg, ja in ein- und derselben Rebzeile. Diese Art des Weinbaus streut das Risiko: Ein möglicher Spätfrost (→ **Frost**) vernichtet nicht die gesamte Ernte, sondern nur den → **Ertrag** der zum Zeitpunkt des Frosts empfindlichen Sorte. Und auch die von Jahr zu Jahr unterschiedlich stark auftretenden Krankheiten der Rebe treffen nicht alle Sorten gleichermaßen. Die Trauben des Mischsatzes wurden in der Regel gemeinsam gelesen und zusammen gekeltert. Der Wein schließlich erhielt den Namen seiner → **Herkunft**, nicht den einer Rebsorte.

Mittelrhein im öffentlichen Ansehen vernachlässigtes deutsches Anbaugebiet, aus dem → **Riesling**-Weine kommen können, die denen des Gebietes → **Mosel-Saar-Ruwer** an Finesse kaum nachstehen (500 Hektar). Zum Mittelrhein gehören die nördlichsten Weinberge an den Ufern des Rheins zwischen Koblenz und Bonn.

Mosel-Saar-Ruwer international bedeutendstes Anbaugebiet → **Deutschlands**, 9800 Hektar, bekannt für → **Riesling** mit einzigartiger Ausgewogenheit, Finesse und → **Mineralität**. Der → **Schiefer** und das nördliche → **Klima** sorgen dafür, dass die Riesling-Rebe nach einer ausgedehnt langen Periode zwischen Austrieb und Reife bereits bei relativ niedrigem → **Mostgewicht** reif wird und die Gesamtheit ihrer Qualitäten entfalten kann. So können Weine entstehen, die bei niedrigem Alkoholgehalt viel → **Extrakt** und einen einmaligen Aromenreichtum aufweisen. Dies gilt insbesondere für → **Spätlesen**, → **Auslesen** und → **edelsüße** Weine, deren Süße-Säure-Spiel ohne Vergleich ist. Allerdings sind an Mosel, Saar und Ruwer die qualitativen Unterschiede riesig. Nur Weine aus → **Steillagen**, in denen überdies der → **Ertrag** des Rieslings begrenzt wurde, erreichen hohe Qualität. Weine aus Randlagen und solche aus überhöhtem Ertrag sind regelmäßig so unharmonisch und säurebetont, dass sie Anfängern die Lust rauben können, ein zweites Mal einen Riesling zu probieren.

Most süße Flüssigkeit, die beim Einmaischen (→ **Maische**) aus gequetschten oder gemahlenen Trauben austritt oder durch → **Pressen** gewonnen wird. Most verwandelt sich durch die alkoholische → **Gärung** zu Wein.

Neue Önologische Verfahren

Unter den »Neuen Önologischen Verfahren« versteht man eine Reihe von Techniken, zu kräftigeren Weinen zu gelangen, ohne dass die Winzer deswegen im Weinberg mehr Risiko oder mehr Arbeit hätten. Einige Beispiele:
Bei der Mostkonzentration wird dem → **Most** durch »Vakuumverdampfung« (siehe Foto) oder »Umkehrosmose« Wasser entzogen – der Wein bekommt so mehr → **Extrakt** und höheren Alkoholgehalt, seine Aromen werden intensiver. Eichen»chips« im Stahltank täuschen vor, ein Wein sei in → **Barriques** gelegen. Mit »Mikrooxidation« lässt sich beim → **Ausbau** die Wirkung des → **Sauerstoffs** exakt dosieren. Das »spinning cone«-Verfahren entfernt → **Ethylalkohol** aus einem zu kräftig geratenen Wein. Durch »Cryo-Extraktion« entsteht künstlicher → **Eiswein**. Die meisten dieser Verfahren sind umstritten.

Mostgewicht spezifisches Gewicht von → **Most**, ein Anhaltspunkt dafür, wie reif die Trauben sind. Das in → **Deutschland** und der → **Schweiz** gebräuchliche System ist nach dem Pforzheimer Feinmechaniker Ferdinand Oechsle (1774–1852) benannt. Es beruht darauf, dass ein Liter Most schwerer ist als ein Liter Wasser, also schwerer als 1000 Gramm. Most hat deshalb mehr Gewicht, weil er → **Zucker** enthält – je reifer die Trauben waren, desto mehr. Wiegt ein Liter Most beispielsweise 1090 Gramm, beträgt das Mostgewicht 90 Oechsle. Je höher das Mostgewicht, desto höher wird nach der → **Gärung** der Alkoholgehalt sein. In → **Österreich** wird das Mostgewicht in Graden Klosterneuburger Mostwaage (KMW) angegeben. 1 Grad KMW entspricht dabei etwa 5 Graden Oechsle. In vielen Staaten – unter ihnen Deutschland und Österreich – gilt das Mostgewicht als zentrales Kriterium für die Gliederung der Qualitätspyramide. Eine fragwürdige Ausrichtung: Das Mostgewicht macht weder über den → **Extrakt**, noch über die Harmonie eines Weins eine Aussage.

Mostkonzentrat (genau: »rektifiziertes Traubenmostkonzentrat«) ein aus eingekochtem → **Most** gewonnener Sirup. Zu seiner Herstellung werden Trauben verwendet, die aus der Überproduktion großer Anbaugebiete (z. B. Sizilien) stammen. Mostkonzentrat wird vor allem in → **Italien** statt purem Zucker zur → **Anreicherung** schwacher Moste vor der → **Gärung** eingesetzt.

Mourvèdre, auch **Monastrell**, **Morrastel**, **Mataro** eigenwillige, nur selten → **sortenrein** verarbeitete rote Traubensorte, die im Osten → **Spaniens**, in → **Frankreich** an der südlichen → **Rhône**, im → **Languedoc-Roussillon** und in der Provence verbreitet ist. In kleinerem Umfang wird sie auch in → **Australien** kultiviert. Die Beeren der Mourvèdre verfügen über eine sehr dicke und intensiv duftende Schale – der Wein besitzt tiefe

→ **Farbe**, eine ausgeprägte → **Würze** und harte → **Tannine**. Mourvèdre ist im Anbau nicht einfach, dennoch ist sie in Spanien mit 100 000 Hektar die zweitwichtigste Rotweinsorte. Weltweit beträgt die Anbaufläche etwa 120 000 Hektar. Sortenrein wird Mourvèdre fast ausschließlich in der Provence (→ **AOC** Bandol) gekeltert – der strenge Stil seines Weins prädestiniert ihn zum → **Verschnitt**.

Müller-Thurgau weiße → **Neuzüchtung**, 1882 von Professor Hermann Müller aus dem Schweizer Kanton Thurgau vorgenommen. Jahrzehnte lang galt Müller-Thurgau als Kreuzung von → **Riesling** und → **Silvaner** – die Bezeichnung »Riesling x Sylvaner« war früher als Synonym verbreitet. Gen-Analysen ergaben jedoch, dass Riesling und Gutedel (→ **Chasselas**) die Eltern der Sorte sind. Auch in seinen besten Exemplaren ist Müller-Thurgau ein einfacher Trinkwein, doch er kann mit blumig-fruchtigen Aromen und feinem Säurespiel durchaus Eleganz zeigen. Da die Sorte hohe → **Erträge** bringt und da viele Winzer diese Eigenschaft ausnutzen und in großen Mengen dünne Weine produzieren, ist der Ruf des Müller-Thurgau nicht besonders gut. Im deutschsprachigen Raum nimmt die Anbaufläche ab. Heute sind in → **Deutschland** 17 000 Hektar mit dieser Rebe bestockt, in → **Österreich** 5 000 Hektar, in der Schweiz 650 Hektar. Im Gegensatz dazu feiert Müller-Thurgau in Italien, wo er vor allem in Südtirol, aber sogar auf Sizilien angebaut wird, eine Renaissance. Weltweit 40 000 Hektar.

Muscat, auch **Muskateller**, **Moscato**, **Moscatel** weiße, intensiv nach Muskat duftende Traube, reich an Spielarten, eine der ältesten Kultur-Rebsorten überhaupt. Dennoch fristet der schwer anzubauende Muskateller heute ein Schattendasein. Einzig in Italien wächst die Sorte noch auf großen Flächen (13 000 Hektar) – vor allem im → **Piemont**, wo sie den schäumenden Moscato d'Asti → **DOCG** und → **edelsüßen** → **Passito** erbringt. In kleinerem Umfang wird Muscat auch in Südfrankreich für Süßweine genutzt – z. B. für die → **AOC**-Weine Muscat de Beaumes-de-Venise und Rivesaltes (→ **Languedoc-Roussillon**). Faszinierende Süßweine wie der Moscatel de Setúbal aus → **Portugal** und der schon von Napoleon gerühmte Vin de Constance aus → **Südafrika** sind hingegen fast ganz in Vergessenheit geraten. In → **Deutschland** wachsen gerade noch 94 Hektar Muskateller. Dabei kann er in nördlichem → **Klima** als → **trockener** Wein sehr viel Stil besitzen. Dies zeigen Weine aus der → **Pfalz**, aus → **Baden**, aus der Steiermark in → **Österreich**, aus dem → **Elsass** und aus Südtirol.

Muschelkalk Form des → **Kalks**, der Versteinerungen enthält. Muschelkalk-Böden gehen auf große Binnenmeere zurück, die in erdgeschichtlich frühen Zeitaltern dort lagen, wo sich heute die Weinberge befinden. Auf solchen Böden gewachsene Weine besitzen eine ausgeprägte → **Mineralität**, zuweilen riechen sie nach Feuerstein.

Nahe deutsches Anbaugebiet, 4300 Hektar entlang des gleichnamigen Flusses. Die Bodentypen variieren stark, und ebenso breit ist das Spektrum der Rebsorten. → **Burgundersorten** erlangen eine harmonische → **Frucht**. Auf guten Böden kann → **Riesling** beinahe die → **Mineralität** eines → **Mosel**-Weins erreichen, er besitzt dabei aber einen etwas kräftigeren → **Körper**, ähnlich einem Riesling aus → **Rheinhessen**. Leider produziert die Weinwirtschaft der Nahe jedoch auch große Mengen einfacher → **Fassweine**, die oft zu → **Liebfrauenmilch** verschnitten werden.

Nebbiolo hochwertige rote Traube aus dem → **Piemont**, die schwere, vielschichtige und tanninreiche Rotweine hervorbringt, so die weltweit berühmten → **Barolo**

Neuzüchtungen

Schon im 19. Jahrhundert wurden Rebsorten von Menschen gezielt gekreuzt – in der Hoffnung, zu Sorten zu gelangen, die alle Vorzüge ihrer jeweiligen Eltern aufweisen, zugleich aber möglichst frei von deren Schwächen sind. Der alte Traum von der Eier legenden Wollmilch-Sau! Die qualitative Ausbeute dieser Bemühungen ist gering: In den 70er Jahren beispielsweise kamen viele Neuzüchtungen auf (Siegerrebe, Huxelrebe, Faber, Albalonga, Kanzler, Ortega), die heute kaum noch jemand kennt. Selbst bei hohem → **Mostgewicht** verfügt ihr Wein über wenig Charakter. Auch ältere, immerhin noch verbreitete Neuzüchtungen, etwa der → **Müller-Thurgau** (1882) oder der Kerner (1929), kommen über das Niveau guter Alltagsweine nicht hinaus.

In den letzten Jahrzehnten richtet sich das Augenmerk der → **Rebzüchtung** auf → **Hybriden**, die wenig anfällig für Pilzkrankheiten sind. Diese Sorten, etwa der → **Regent**, dienen dem Einsatz im → **Öko-Weinbau**. Zum Zweiten kamen rote Neuzüchtungen in Mode, die besonders viel Farbe besitzen – beispielsweise → **Dornfelder**, → **Zweigelt**, die in der → **Schweiz** verbreiteten (Gamay x Reichensteiner)-Züchtungen sowie die in → **Württemberg** gekreuzten, seit neustem mit großem Vorschusslorbeer zugelassenen Sorten Acolon (Lemberger x Dornfelder), Cabernet Mitos (Lemberger x Cabernet Sauvignon) und Cabernet Dorsa (Dornfelder x Cabernet Sauvignon). Es dauert etwa 25 Jahre, um eine Neuzüchtung zur Praxisreife zu bringen. Ob sie sich dann auch bewährt, lässt sich erst eine Generation später abschätzen.

!!! Zwei qualitativ interessante Neuzüchtungen sind die komplexe → **edelsüße** Weine bringende Scheurebe (Züchtungsjahr 1916) und der → **Riesling**-ähnliche, sehr fruchtige Rieslaner (Züchtungsjahr 1921).

und → **Barbaresco**. Der Name der Sorte spielt auf ihre späte Reife an: Nebbiolo reift erst im Oktober, wenn im südlichen Alpenvorland bereits die Nebel (ital. »nebbia«) über das Land ziehen. Außer im Piemont (ca. 4500 Hektar) wächst Nebbiolo noch in den benachbarten Regionen Norditaliens (im Aosta-Tal sowie im Veltlin).

Neuchâtel 600 Hektar kleiner, in seinem Qualitätspotenzial unterschätzter Weinbaukanton der → **Schweiz**. Die Weine Neuchâtels profitieren an vielen Orten von Kalkböden (→ **Kalk**), die denen → **Burgunds** ähneln. → **Chasselas** fällt wegen des rauen → **Klimas** sehr leicht, jedoch spritzig und in Bestform beeindruckend mineralisch aus. → **Pinot noir** besitzt Finesse und zuweilen sogar wahre Klasse.

Neue önologische Verfahren → Seite 74

Neue Welt Sammelbegriff für die Weinbauländer außerhalb Europas und Vorderasiens. In seiner Formulierung etwas irreführend, denn auch in Übersee ist der Weinbau vielerorts seit mehreren Jahrhunderten verbreitet. Kennzeichnend für alle Länder der Neuen Welt ist, dass die Produktionsbedingungen günstig sind: Land ist weiträumig vorhanden und vergleichsweise preiswert, Weinberge können ganz nach den Bedürfnissen der jeweiligen Rebsorte angelegt werden, und Arbeitskräfte stehen für geringen Lohn zur Verfügung. Zudem geht die → **Önologie** in den meisten Ländern der Neuen Welt unbefangener mit neuen Techniken um und schreckt weniger stark vor industriellen Verfahren zurück, als dies im traditionsbewussten Europa üblich ist. Dennoch kommen aus der Neuen Welt nicht nur Konsumweine zu Tiefstpreisen. Mit dem sich festigenden Erfolg der Weine aus → **Kalifornien**, → **Australien** und → **Neuseeland** hat auch in diesen Ländern die Verfeinerung der Weinstile und eine Hinwendung zur Betonung der → **Herkunft** begonnen.

Öko-Weinbau

Als anfangs der achtziger Jahre die ersten Öko-Weine produziert wurden, waren nur Bio-Läden an ihrem Vertrieb interessiert. Inzwischen sind Öko-Weine auch im Weinhandel ein respektiertes Genre: Die besten Produzenten haben zu den Eliten ihrer jeweiligen Anbaugebiete aufgeschlossen. Dabei ist es – zumindest in Gegenden, die eher kühl und feucht sind wie in Mitteleuropa – sehr schwierig, Weinbau unter Verzicht auf chemische Hilfsmittel zu betreiben. Pilzkrankheiten bedrohen den → **Ertrag** und die Qualität der Trauben. Daher gehen die meisten Öko-Winzer den Kompromiss ein, wie ihre konventionell wirtschaftenden Kollegen im → **Pflanzenschutz** das Schwermetall → **Kupfer** einzusetzen. Immerhin gelingt es Öko-Winzern meist, mit niedrigen Dosen solcher Hilfsmittel auszukommen. Das Engagement für eine ganzheitliche Betrachtungsweise von Weinberg und Umwelt hat jedenfalls weit über ihre eigenen Kreise hinaus das Nachdenken über den Einsatz belastender Stoffe im Weinbau gefördert. Die Erkenntnis, dass Boden und Umwelt ein wichtiges, aber auch empfindliches Kapital für den Weinbau darstellen, brachte sogar manche etablierten Betriebe zum Umsteigen auf den Öko-Weinbau. Nicht wenige bedienen sich dabei sogar der besonders strengen Arbeitsweisen des biologisch-dynamischen Anbaus.

!!! Der ökologische Weinbau schafft den Trauben Reifebedingungen, die nicht durch chemische Hilfsmittel künstlich aufgepeppt wurden. Daher schmecken Öko-Weine besonders typisch und ehrlich. Sie zeigen Probleme eines → **Jahrgangs** offenherziger als konventionell produzierte Weine – aber auch die typischen Aromen der Rebsorte und des → **Terroir** erscheinen in einer Ursprünglichkeit, die es lohnt, entdeckt zu werden.

Neuseeland Inselstaat im südlichen Pazifik und jüngste Weinbaunation der → **Neuen Welt**, getragen von Pioniergeist und Aufbruch: 1960 waren 400 Hektar Reben bestockt, heute sind es 12000. Auf einer Nord-Süd-Ausdehnung von 2000 Kilometern besitzen die beiden Hauptinseln Neuseelands eine Vielfalt an Klimazonen, wie sie sonst über einen ganzen Kontinent verstreut sind. In den achtziger Jahren erwarb Neuseeland für strahlend fruchtige, kristallklare → **Sauvignon-blanc**-Weine internationale Anerkennung. Inzwischen scheint es jedoch, als könnten auch → **Chardonnay**, → **Pinot noir** und die aus → **Bordeaux** stammenden Rebsorten auf vergleichbarem qualitativem Niveau produziert werden. Beste Regionen: Waiheke Island, Hawke's Bay, Martinborough auf der Nordinsel, auf der Südinsel Marlborough, Nelson und Central Otago.

Neuzüchtungen → **Seite 78**

Oechsle → **Mostgewicht**

Öko-Weinbau → **linke Seite**

Önologe akademischer Weinwissenschaftler oder Weinbautechniker mit Ingenieurgrad. Manche – meist freiberuflich tätige – Önologen beraten heute bis zu hundert verschiedene Betriebe rund um den Erdball, weswegen der Einfluss dieser »fliegenden Önologen« kontrovers diskutiert wird: Kritiker befürchten eine Vereinheitlichung des Weingeschmacks.

Önologie Wissenschaft von der Weinbereitung. Önologische Grundlagenforschung versucht, durch das bessere Verständnis der biochemischen Vorgänge in Trauben, Most und Wein Methoden zur Verbesserung der Weinqualität zu finden. Das Arbeitsfeld umfasst neben den zentralen Aufgabengebieten → **Kellertechnik** und → **Sensorik** auch Fragen der Koordination von Rebbau und Kellerwirtschaft sowie des Marketings.

Österreich mitteleuropäisches Weinbauland mit interessanter jüngster Weinbaugeschichte, 50000 Hektar. In den vergangenen 15 Jahren liefen österreichische Weine zur Höchstform auf – als Trotzreaktion auf einen Weinskandal: 1985 wurde aufgedeckt, dass einige Massenweine mit Diethylenglykol gepanscht worden waren, um mit dieser auch als Frostschutzmittel gebräuchlichen Substanz bei den Weinen → **Körper** vorzutäuschen. Österreichs traditionell starke Familienbetriebe nahmen den Image-Schaden zum Anlass, um ihre Weinqualität mit großem Engagement weiter zu steigern und diesen Umstand auch international bekannt zu machen. Heute gehören → **Riesling** und → **Grüner Veltliner** aus Niederösterreich (vor allem aus der → **Wachau** sowie aus Kamp- und Kremstal), sowie → **Sauvignon blanc** und Muskateller (→ **Muscat**) aus der Steiermark zu den gesuchtesten Weißweinen Europas. Aus dem → **Burgenland** kommen exzellente Rotweine, vor allem von der Sorte Blaufränkisch (→ **Lemberger**). Auch rote → **Cuvées** und → **edelsüße** Weine können dort herausragend sein.

Ostschweiz Sammelbezeichnung für die deutschsprachigen Weinbaugebiete der → **Schweiz**. Die unzusammenhängend über das gesamte nördliche Voralpenland verstreuten Weinberge (insgesamt 2500 Hektar) gleichen die Nähe zum Gebirge durch ihr gutes → **Mikroklima** aus: Die Lage entlang von Seen und Flüssen sowie Fallwinde, die aus südlicher Richtung durch die Flusstäler wehen, begünstigen das Ausreifen der Trauben. Die wichtigste Sorte ist → **Pinot noir**, hier »Blauburgunder« genannt. Die größten Weinbaukantone sind Zürich, Schaffhausen, Aargau und Graubünden.

Oxidation chemische Reaktion, bei der → **Sauerstoff** aufgenommen wird. Häufig führt sie zu einem → **Weinfehler** (→ **Luftton**, → **Acetaldehyd**). In gemäßigter Dosis wirkt sich Sauerstoff jedoch positiv auf den Wein aus, weil er die Entwicklung von Aromastoffen und (bei Rotweinen) die Verfeinerung der → **Tannine** fördert (→ **Polymerisation**). Die → **Önologie** legte jahrelang viel Wert darauf, Oxidation möglichst zu verhindern, um Frische und Klarheit der Weine zu betonen. Mittlerweile gewinnen raffinierte Formen oxidativen Ausbaus wieder an Anerkennung: Denn neuere Forschungsergebnisse legen nahe, dass oxidativer Einfluss während der Jugend des Weins eine Art Versicherung für sein späteres Leben darstellt – und die Fähigkeit zur → **Flaschenreife** verbessert.

Passito → **edelsüßer** Wein, der in verschiedenen Regionen → **Italiens** aus getrockneten Trauben bereitet wird. Die Technik ähnelt der Bereitung von → **Amarone** – mit dem Unterschied, dass Passito süß ist, da nur ein Teil des → **Zuckers** vergoren wird. Die bekanntesten Passito-Weine kommen von der Insel Pantelleria (nahe Sizilien), aus dem Veneto (→ **Recioto**), aus der Toskana (Vin santo) sowie aus dem → **Piemont** (meist aus der Sorte Moscato, z. B. Loazzolo → **DOC**).

Pauillac die prestigereichste → **AOC** des → **Médoc**, 900 Hektar. Innerhalb der Gemarkungsgrenzen Pauillacs liegen allein drei Premiers → **crus classés** sowie zahlreiche weitere herausragende Güter. Pauillacs Weine zeichnen sich durch eine einmalige Verbindung von Kraft und Eleganz aus, ihre betonte → **Frucht** stammt vom besonders stark vertretenen → **Cabernet Sauvignon**. In ihrer Jugend können Weine aus Pauillac wegen ihres hohen Gehalts an → **Tannin** sehr hart und unzugänglich erscheinen – doch sie erlangen exzellente → **Flaschenreife**.

Piemont

Noch vor 50 Jahren waren die Winzer des im Nordwesten → **Italiens** gelegenen Piemont arm. Doch die spektakulär langlebigen Weine aus → **Barolo** und → **Barbaresco** brachten der Region am »pes montis« – »Fuß der Alpen« – weltweit Anerkennung. Seither hat das Piemont den Charakter seiner Weine perfektioniert: Reichtum an → **Tannin** und aromatische → **Komplexität** paaren sich mit einer Feinheit, die an (auch geographisch nahe) Vorbilder in → **Frankreich** erinnert. Auf 60 000 Hektar entstehen jedoch auch verlässliche Alltagsqualitäten. Die wichtigsten roten Rebsorten sind: → **Nebbiolo**, → **Barbera**, → **Dolcetto**, die wichtigsten weißen: Arneis, Cortese, Favorita – sowie → **Muscat**. Der liebliche → **Schaumwein** Asti → **Spumante** und der stilvollere Moscato d'Asti werden auf 9 000 Hektar produziert.

Pessac-Léognan lokale → **AOC** im Gebiet → **Graves** in → **Bordeaux**, enthält die einzigen → **klassifizierten** Weißweine des Bordelais. Diese zeigen Schmelz und Fülle, → **Frucht** und feine, reife → **Säure**. Sie besitzen Größe, sind aber dennoch leicht zu trinken. Die Qualität der Rotweine variiert von superb bis rustikal.

Petit Verdot rote Sorte aus → **Bordeaux**, die stoffigen Wein mit eigenwilligem Aroma liefert. Da Petit Verdot sehr spät reift und unzuverlässigen → **Ertrag** bringt, sank seine Anbaufläche im letzten Jahrzehnt auf 300 Hektar.

Pfalz zweitgrößtes Anbaugebiet → **Deutschlands**, 23400 Hektar. Die Produktion ist qualitativ zweigeteilt: Ein Teil der Betriebe nutzt das milde → **Klima** und die mancherorts → **Kalk** enthaltenden Böden für Weine auf international erstklassigem Niveau: → **Riesling** fällt mächtig und tiefgründig aus, wegen seines Reichtums an mineralischem → **Extrakt** wirkt er dennoch lebendig. Weine aus → **Burgundersorten** eignen sich in der Pfalz durch ihre Wucht besonders gut für den → **Ausbau** in → **Barriques**. Auf der anderen Seite bedingt die Größe der Ertragsfläche jedoch auch eine Flut einfachster → **Fassweine**. Der ökonomische Druck hat indes im vergangenen Jahrzehnt auch die qualitativen Anstrengungen beflügelt. Die Pfalz gilt derzeit als das dynamischste aller deutschen Anbaugebiete: Junge, aufstrebende Betriebe wetteifern sowohl im Kerngebiet Mittelhaardt, als auch in der Südpfalz mit den großen, arrivierten Namen des Gebiets.

Pflanzenschutz Oberbegriff für alle Maßnahmen, die der Abwehr von Rebkrankheiten und Schädlingsbefall dienen. Vor allem gegen Pilzerkrankungen (→ **Botrytis**, → **Mehltau**) ist wirksamer Schutz ohne den Einsatz synthetischer Präparate nur schwer zu erzielen (→ **Öko-Weinbau**) – bei der Bekämpfung schädlicher Insekten gibt es auch schonendere biologische Verfahren. Pflanzenschutz ist unabdingbar: Nur wenn das Laub gesund ist, kann es durch Photosynthese → **Zucker** bilden. Auch die Schale der Beeren muss intakt sein. Denn nur dann können die Trauben möglichst lange reifen.

Phenole Gruppe reaktionsfreudiger Substanzen, zu denen alle → **Tannine** und die → **Farbe** gebenden Stoffe gehören. Auch viele Aromastoffe sind Phenole, etwa das Vanillin, das aus Eichenholz in den Wein gelangt. Phenole besitzen gesundheitsfördernde Effekte: Im Reagenzglas ließ sich nachweisen, dass stark phenolhaltige Rotweine die Tätigkeit von Bakterien und Viren hemmen. Überdies scheinen Phenole die Herzkranzgefäße gegen die Wirkungen des Cholesterin zu schützen. → **Polymerisation**.

Piemont → **Seite 84**

Pinot bianco, Pinot blanc → **Weißburgunder**

Pinot grigio, Pinot gris → **Grauburgunder**

Pinot noir auch **Spätburgunder**, **Blauburgunder** in → **Burgund** heimische rote Sorte, die viel Mittelmaß, aber auch einige der wertvollsten Weine der Welt hervorbringt. Pinot noir kann samtene Anmut, vielschichtige → **Frucht**, Feuer und → **Mineralität** verbinden. Er stellt die Winzer jedoch auch vor zahlreiche Schwierigkeiten: Die Sorte reift spät und ist anfällig gegen → **Botrytis**, andererseits behagt ihr auch warmes und trockenes → **Klima** nicht: Der Wein wird dann plump. Guter Pinot noir ist nur durch hohe Risikobereitschaft im Weinberg und intensive Arbeit an niedrigen → **Erträgen** zu erlangen. Sein Anbau (weltweit ca. 60 000 Hektar) blieb daher auf wenige Gebiete beschränkt: In → **Frankreich** (22 000 Hektar) wächst die Sorte außerhalb Burgunds beinahe nur in der

→ **Champagne** (für → **Schaumwein**) sowie im → **Elsass**. Weitere Anbaugebiete sind: → **Deutschland** (10600 Hektar), die → **Schweiz** (4600 Hektar), → **Österreich** (Thermenregion), der Norden → **Italiens** (Südtirol, Friaul, Franciacorta). Außerhalb Europas kommt Oregon in den → **USA** und → **Neuseeland** Bedeutung zu. → **Burgundersorten**.

Pinotage rote → **Neuzüchtung** aus → **Südafrika**, 1925 gekreuzt aus → **Pinot noir** und → **Cinsault**. Pinotage ist robust im Anbau und gestattet hohen → **Ertrag**. Derzeit 3500 Hektar. Seine intensiv fruchtige, häufig durch Maßnahmen der → **Kellertechnik** auf Charme getrimmte Art hat Pinotage zu einem Exportschlager gemacht.

Polymerisation (wörtlich »die Bildung eines vielteiligen Gegenstands«) höchst erwünschter chemischer Vorgang, der → **Tannine** und Farbstoffe zu langen Molekülketten verbindet. Dadurch wird zum einen die → **Farbe** stabilisiert. Zum Zweiten fühlen sich die langen Molekülketten auf der Mundschleimhaut weniger rau und austrocknend an als kürzere (→ **Sensorik**). Im jungen Wein wird die Polymerisation durch den → **Ausbau** im → **Barrique** gefördert oder durch die so genannte »Mikrooxidation«, die niedrig dosierte Zugabe von → **Sauerstoff** in → **Fass** oder Tank. (→ **Neue Önologische Verfahren**). Ohne weiteres Zutun polymerisieren Tannine und Farbstoffe während der → **Flaschenreife**.

Pomerol → **AOC**-Gebiet im → **Libournais**, das die gesuchtesten auf → **Lehm** wachsenden → **Bordeaux**-Weine hervorbringt, 500 Hektar. → **Merlot** dominiert – die Sorte verbindet hier wie nirgendwo sonst ihre typische Feinheit mit einer gaumenfüllenden, kraftvollen → **Struktur**. Obwohl es keine → **Klassifikation** gibt, liegt das Preisniveau sehr hoch. Die Weine reifen langsam und gewinnen im Alter große Geschmeidigkeit.

Portugal qualitativ expansives, jahrzehntelang vom Rest der Weinwelt isoliertes Weinbauland, 370 000 Hektar. Kennzeichnend ist, dass noch zu Beginn der neunziger Jahre Angola das wichtigste Abnehmerland für portugiesischen (Billig-)Wein war. Erst seit dem Ende der Militärdiktatur und seit dem Beitritt zur Europäischen Union beginnt Portugal, seinen Reichtum an natürlichen Gegebenheiten konsequent für → **Qualitätsweine** zu nützen. Alleine die Zahl der international völlig unbekannten, nur lokal verbreiteten Rebsorten wird auf mehrere Hundert geschätzt. Landesteile mit sehr unterschiedlichem → **Klima** gestatten zusätzlich eine Vielfalt von Weinen. Die wichtigsten Gebiete sind: im Norden das für → **Portwein** und rote Tischweine bekannte Tal des → **Douro** sowie die Zone des → **Vinho Verde**, die traditionsverhafteten Rotwein produzierenden Gebiete Dão und Bairrada in der Mitte sowie das als besonders modern bekannte Gebiet Alentejo im Süden, wo auch → **Cabernet Sauvignon** und → **Syrah** erzeugt werden. Portugal ist auch der weltweit mit Abstand größte Produzent von → **Kork**.

Portugieser harmlose rote Traubensorte, die süffigen, im besten Fall angenehm fruchtigen Rotwein mit weichem → **Tannin** hervorbringt. Hauptverbreitungsgebiete: → **Deutschland** (5 000 Hektar, vor allem → **Rheinhessen**, → **Pfalz**), → **Österreich**, Tschechien. Die Sorte gelangte möglicherweise aus → **Portugal** nach Österreich.

Portwein geschichtsträchtiger, mehr oder weniger süßer Rotwein, durch Alkoholzugabe (→ **Spriten**) auf einen Alkoholgehalt von etwa 20 Volumenprozent gebracht. Portwein wurde erfunden, als im 17. Jahrhundert englische Weinhändler den Rotweinen vom portugiesischen Teil des → **Douro** Alkohol zusetzten, um sie für den Transport stabiler zu machen. Das so entstandene Produkt erfreute sich in England größter Beliebtheit, denn infolge des spanischen

Erbfolgekrieges war der Nachschub französischer Weine erlahmt. Die Ausdehnung der mit Reben bestockten Schieferterrassen am Douro (29 000 Hektar) wurde daraufhin bereits 1756 im Sinne einer Ursprungsbezeichnung umgrenzt. Die besten Weine, die aus einem einzelnen → **Jahrgang**, eventuell auch von einem einzelnen Weingut (→ **Quinta**) stammen, heißen »Vintage Port«. Sie besitzen reichlich → **Extrakt**, große aromatische Tiefe und können jahrzehntelang reifen. Andere Portwein-Typen – der fruchtige »Ruby« und der etwas gereiftere »Tawny« – werden wegen eines möglichst gleichbleibenden → **Geschmacks** aus Weinen verschiedener Jahrgänge verschnitten. In kleineren Mengen wird auch weißer Portwein produziert.

Prädikatswein höchste Kategorie des deutschen Weinrechts. Für Prädikatsweine ist → **Anreicherung** nicht gestattet. Die einzelnen Prädikate sind in aufsteigender Reihenfolge: → **Kabinett**, → **Spätlese**, → **Auslese**, → **Beerenauslese**, → **Trockenbeerenauslese** sowie → **Eiswein**. Sie bilden Weintypen ab, die seit jeher gemäß den verschiedenen Reifegraden von → **Riesling**-Trauben produziert wurden. Die Einordnung der Weine mit Hilfe des → **Mostgewichts** stößt jedoch auf zwei Probleme: Zum einen erlangen manche → **Neuzüchtungen** mit Leichtigkeit hohes Mostgewicht und damit hohe Prädikate, ohne dass diese Weine ein angemessenes Niveau besäßen. Zum Zweiten lassen sich die am Riesling orientierten Weintypen nur bedingt auf → **Burgundersorten** übertragen.

Premier cru Stufe der → **Klassifikation**, die in → **Burgund** zwischen den Stufen → **Villages** und → **Grand cru** steht. Im → **Rheingau** wurde der Versuch unternommen, eine ähnliche Bezeichnung einzuführen (→ **Erstes Gewächs**). In Bordeaux gibt es genau genommen keine Premier-cru-Weine: Die fünf höchstklassifizierten Güter des Médoc haben den Rang Premier cru classé.

Pressen Vorgang, bei dem unter hohem Druck der Saft aus den Beeren abfließt. Die Intensität des Drucks nimmt großen Einfluss auf die Qualität eines Weins. Starkes Pressen einer → **Maische** führt dazu, dass sehr viel → **Tannin** in den Wein gelangt – unter anderem auch aus den Traubenkernen stammende, bittere Tannine. Daher pressen Winzer die Maische in mehreren Durchgängen mit steigendem Druck, trennen die jeweils gewonnen Partien Wein und entscheiden erst vor der Abfüllung, ob der so genannte »Presswein« – die aus der stärksten Pressung stammende Partie – dem restlichen Wein wieder hinzugefügt wird.

Primitivo rote Rebsorte, die vor allem in Apulien in → **Süditalien** angebaut wird (17000 Hektar) und dort wuchtigen Wein von beeindruckend intensiver → **Frucht** hervorbringt. Der Name »Primitivo« spielt auf die frühe Reife der Sorte an (lat.: »prae-mativus«). Früher wurde Primitivo häufig als → **Fasswein** nach Norditalien verkauft, wo er den dortigen Weinen mit → **Farbe**, Alkoholgehalt und Fülle nachhalf. Nach dem derzeitigen Stand der Forschung handelt es sich bei den kroatischen Sorten Plavac mali und Crljenak sowie bei → **Kaliforniens** → **Zinfandel** um eng verwandte, wenn nicht sogar identische Rebsorten.

Prosecco weiße Traubensorte des nördlichen Veneto, bekannt durch den gleichnamigen, populären → **Schaumwein**. Guter Prosecco perlt nur diskret und mischt eine zarte → **Mineralität** in seinen Apfelblüten-Duft. Doch das Original aus den Bergdörfern Valdobbiadene und Conegliano (3500 Hektar) ist bei weitem seltener im Umlauf als die schlichteren Weine aus der Ebene der nahen Marca Trevigiana und dem restlichen Veneto (4500 Hektar). Prosecco wird nicht im Verfahren der → **Flaschengärung** hergestellt, sondern im Drucktank (»méthode Charmat«). Die Weine haben nicht viel

→ **Extrakt**, ihr Reiz besteht in Frische und Leichtigkeit. Für den italienischen Markt wird Prosecco meist als extra dry (→ **dry**) abgefüllt. Der Cartizze, ein Prosecco aus der historischen → **Steillage**, in der die Bergbauern erstmals diesen Schaumwein produzierten, ist sehr süß. Prosecco der Geschmacksichtung → **brut** kann sehr säurebetont sein und wird fast ausschließlich für den Export hergestellt.

Qualitätswein allgemein ein Wein, der für den Verkauf bereitet wurde – in Abgrenzung vom »Hauswein«, den Winzer mancherorts für den Eigenbedarf produzieren. Darüber hinaus sollte Qualitätswein frei von → **Weinfehlern** sein und typisch für eine gewisse → **Herkunft** oder Rebsorte. Vor allem in diesem Sinn definiert das deutsche Weinrecht den Qualitätswein. Dabei formulieren die gesetzlichen Kriterien jedoch nicht mehr als Mindestanforderungen. Zur Produktion von Qualitätswein genügen im Prinzip knapp ausgereifte Trauben, → **Anreicherung** ist bis zu einer Erhöhung des Alkoholgehalts um 3,5 (→ **Baden**: 2,5) Volumenprozent gestattet. → **Prädikatswein**.

Quinta portugiesisches Landgut, auf Weinetiketten vergleichbar mit der französischen Bezeichnung → **Domaine**. »Single Quinta« ist ein rarer unverschnittener Typ → **Portwein** eines solchen Gutes und stammt aus einem einzelnen → **Jahrgang**.

Reblaus Insekt, das die Wurzeln der Rebe und dadurch den ganzen Stock zerstört. In der zweiten Hälfte des 19. Jahrhunderts wurde die Reblaus aus Nordamerika nach Europa eingeschleppt, 1863 erstmals in → **Frankreich** festgestellt. In den folgenden Jahrzehnten breitete sie sich über den ganzen Kontinent aus und stürzte Europas Weinbau in eine existenzbedrohende Krise. Die Invasion war nur dadurch in den Griff zu bekommen, dass die Winzer das Holz von → **Europäerreben** auf Wurzeln aufpropften, die sie von amerikanischen, gegen die Reblaus unempfindlichen Wildreben geschnitten hatten (→ **Unterlage**). Die Reblaus ist heute auf der ganzen Welt verbreitet – einzig Regionen mit sehr sandigen Böden und kühle Gegenden mit kurzen Sommern blieben verschont. Überall sonst stellt das Insekt unverändert eine Bedrohung dar. → **Kaliforniens** Winzer erfuhren dies noch in den achtziger Jahren, als sie für Neuanpflanzungen Unterlagen verwendeten, die wenig resistent gegen den Schädling waren. Tausende Hektar wurden vernichtet.

Rebzüchtung Zweig der Forschung, der sich der Erhaltung alter Rebsorten und ihrer Spielarten widmet sowie der Schaffung von → **Neuzüchtungen**. Außerdem bringt die Rebzüchtung durch langjährige Auswahl im Weinberg beispielhafte, zur Vermehrung empfohlene Einzelpflanzen einer Rebsorte hervor, so genannte Klone.

Recioto → **edelsüßer** Wein, der in den norditalienischen Bereichen Valpolicella und Soave aus getrockneten Beeren bereitet wird.

Regent rote → **Neuzüchtung** aus der → **Pfalz**, die als → **Hybride** unempfindlich gegen Pilzerkrankungen ist und daher für → **Öko-Weinbau** genutzt werden kann. Erst 1996 zugelassen, doch seither mit stark steigender Rebfläche (950 Hektar). Der Wein des Regent ist tiefdunkel, duftet würzig nach Pflaume und besitzt fülliges → **Tannin** und viel → **Körper**. Regent gilt als Hoffnungsträger zur Erzeugung hochwertiger Weine aus Hybriden, da er nur selten deren unangenehmen → **Foxton** aufweist.

Reintönigkeit Klarheit der → **Frucht** ohne Nebentöne, die durch nicht ganz gesunde Trauben, → **Gärung** oder → **Ausbau** in den Wein gelangten. Aromastoffe, die nicht direkt an die Aromen der Beere erinnern (etwa

Nuancen, die von der → **Hefe** stammen, und selbst kleine → **Weinfehler**) können zwar im positiven Sinn zur → **Komplexität** des Weins beitragen. Ob ein bestimmerter Fremdgeruch als angenehm oder unangenehm empfunden wird, ist jedoch von subjektiven Vorlieben abhängig. Will man daher ausdrücken, dass ein Wein über jeden Verdacht erhaben ist, nennt man ihn »reintönig«.

Reinzuchthefe eine → **Hefe**, die eigens im Labor gezüchtet wurde, damit sie, einem → **Most** zugesetzt, während der → **Gärung** bestimmte Eigenschaften hervorbringt. Manche Hefen bilden beispielsweise als Nebenprodukt der Gärung viel → **Glycerin** und verleihen dem Wein dadurch besondere Geschmeidigkeit. Kritiker befürchten, dass die technische, in Zukunft möglicherweise auch gentechnische Manipulation an Hefepilzen die Vereinheitlichung der Weinstile weiter vorantreiben und regionale Eigenarten verdrängen wird. → **Aromahefe**.

Reserva Qualitätsstufe in → **Spanien** und → **Portugal**, die auf eine längere Lagerzeit im → **Fass** hinweist. Das Mindestalter eines Weins, der als Reserva in Verkehr gebracht werden darf, hängt von seiner jeweiligen → **Herkunft** ab, meist sind zwei bis drei Jahre Reife vorgesehen. Reserva-Weine sollten besonders viel → **Extrakt** und → **Struktur** besitzen – und zusätzliches Potenzial zur → **Flaschenreife** mitbringen, wenn sie in den Verkauf gelangen. In Spanien ist überdies die Bezeichnung »Gran Reserva« gebräuchlich – sie umfasst die prestigereichsten, oft mehr als fünf Jahre vor dem Verkauf gereiften Weine.

Réserve auf französischen Etiketten gebräuchliche Bezeichnung, deren Verwendung nicht gesetzlich geregelt ist. In der Regel wurde der betreffende Wein vor der Abfüllung in → **Fass** oder → **Barrique** gelagert.

Restzucker dem Wortsinn nach eigentlich eine → **Süße**, die »übrig geblieben« ist, weil die → **Gärung** ins Stocken geriet (oder abgestoppt wurde). Die → **Hefe** hat dann nicht allen → **Zucker** in → **Ethylalkohol** und → **Kohlensäure** verwandelt. Heute wird der Ausdruck »Restzucker« jedoch auch für Süße verwendet, die als → **Süßreserve** nachträglich einem bereits → **durchgegorenen** Wein wieder zugesetzt wurde. Der Gehalt an Restzucker ist die wichtigste Aussage über die → **Geschmacksrichtung** eines Weins.

Rheingau das neben der → **Mosel** weltweit angesehenste deutsche Anbaugebiet für → **Riesling**, 3200 Hektar. Der Rheingau erstreckt sich an einer der wenigen Stellen in → **Deutschland**, wo der Rhein in Ost-West-Richtung fließt und also direkt am Fluss liegende Südlagen ermöglicht. Der Rheingauer Stil des Riesling ist entsprechend kraftvoll, weist aber nicht die ausladende Fülle weiter südlich gewachsener Rieslinge auf, sondern bezieht seinen Reiz aus der Spannung seines → **Körpers** und der prägnanten, »stahligen« → **Säure** (→ **Erstes Gewächs**). Außer Riesling kultiviert der Rheingau auch kleinere Mengen Spätburgunder (→ **Pinot noir**). Auf den → **Schieferböden** Assmannshausens kann er eine eindringliche → **Frucht** und viel Eleganz erlangen.

Rheinhessen nach Fläche größtes deutsches Anbaugebiet, 26300 Hektar. Wie kaum ein anderes Gebiet in → **Deutschland** leidet Rheinhessen unter der Massenproduktion von Weinen (→ **Liebfrauenmilch**). Gut die Hälfte des Gebiets ist mit → **Neuzüchtungen** bestockt, die nur in seltenen Ausnahmefällen niveauvolle Weine hervorbringen. In den letzten zehn Jahren haben aber immer mehr Familienbetriebe begonnen, qualitätsorientiert zu arbeiten. Kraftvoller → **Riesling** von beeindruckender → **Mineralität** kommt vom »Roten Hang« um

Nierstein und Nackenheim (→ **Rotliegender**), und im abseits des Rheins gelegenen »Hügelland« werden robuste Rieslinge produziert sowie in zunehmendem Maß auch bemerkenswerte Weine aus → **Burgundersorten**. Rheinhessen-Weine können sehr preisgünstig sein, und oft ist der Preisunterschied zwischen banalen und recht guten Weinen nur sehr gering.

Rhône Fluss, der in der → **Schweiz** entspringt und durch Frankreich ins Mittelmeer fließt. Die Weinkultur eroberte Mitteleuropa die Rhône aufwärts, nachdem die Griechen im sechsten Jahrhundert vor Christus Marseille gegründet und dort die ersten Reben angebaut hatten. Die nördlichsten Rhône-Weine stammen aus dem Schweizer Kanton → **Wallis.** Die typischen Anbaugebiete liegen jedoch in → **Frankreich** und bedecken dort 60 000 Hektar. Man unterscheidet die »nördliche« und die flächenstarke »südliche« Rhône, in beiden Gebieten überwiegen rote Sorten. Die berühmten auf → **Granit** wachsenden → **AOC**-Weine der Nord-Rhône – Côte-Rôtie und Hermitage – sind beispielhaft für → **sortenreinen** → **Syrah**-Wein: in der Jugend sehr verschlossen und reich an → **Tannin**, mit Entwicklungsfähigkeit zu großer Würze. Die Weine des Südens (mit → **Châteauneuf-du-Pâpe** im Zentrum) werden meist aus → **Grenache**, Syrah und → **Mourvèdre** → **assembliert** und nehmen mit → **Körper** und üppigem Aroma für sich ein. Zwei Drittel der Rhône-Weine gehören der gebietsübergreifenden AOC Côtes du Rhône an, im Allgemeinen stammen sie aus dem Süden. An der Rhône wächst auch etwas Weißwein: die typischen Sorten sind → **Viognier**, Marsanne und Roussanne.

Ribera del Duero für Rotwein definierter → **DO**-Bereich in → **Spanien**, der seit den achtziger Jahren einen Boom erlebt, 13 000 Hektar. In dem 700 bis 800 Meter über dem Meer gelegenen Gebiet gibt es verbreitet → **Kalk**

Riesling

Seine Kardinaltugend ist nicht unbedingt eine populäre Eigenschaft: Es ist die → **Säure**, die den Riesling so herausragend macht. Auf eine ganz einzigartige Weise kann sie intensiv sein und dennoch appetitlich wirken: durch die faszinierende Eleganz, in der sie mit Aroma und mineralischem → **Extrakt** verwoben ist. Je nach Bodentyp erhält dabei die typische, an Bergamotte erinnernde Würze dieser Traubensorte zusätzliche Nuancen. Und nicht nur die unterschiedlichen Böden bedingen eine besondere Vielfalt von Weintypen: Zu jedem Reifestadium der Riesling-Traube gibt es ein harmonisches Süße-Säure-Verhältnis des späteren Weins. Die Reihe der deutschen → **Prädikatsweine** dekliniert diese Stile durch: → **Kabinett**, → **Spätlese**, → **Auslese** etc. Zur Produktion von → **edelsüßen** Weinen eignet sich Riesling besonders gut: Seine frische Säure bewahrt ihn auch bei starker → **Süße** davor, plump zu wirken. Riesling ging vermutlich vor vielen Jahrhunderten am Oberrhein durch eine vom Menschen durchgeführte Selektion aus Wildreben hervor. Die in ihren Anforderungen an Boden und → **Klima** anspruchsvolle Traube wird weltweit nur in wenigen Gebieten angebaut: in → **Deutschland** (21000 Hektar), → **Österreich** (1000 Hektar), im → **Elsass** (3200 Hektar), in → **Australien** (Clare Valley) und → **Neuseeland** sowie im Washington State in den → **USA**.

!! Das Vorurteil, dass Riesling einfach nur »sauer« sei, wird von zahlreichen sorglos bereiteten Weinen bestätigt: Unreife Trauben bringen grasige, spitze Weine hervor, die auch mit Hilfe von → **Restzucker** nicht in die Balance zu bringen sind. Für den Kauf von Riesling gilt – egal ob → **trocken** oder edelsüß: den besten oder gar keinen!

und → **Kreide** im Boden. Ribera-del-Duero-Weine werden überwiegend aus der (vor Ort »Tinto fino« oder »Tinta del País« genannten) Sorte → **Tempranillo** gekeltert und fallen markant mineralisch und sehr kraftvoll aus. Das Gebiet besitzt in kleinerem Umfang auch eine Tradition des Anbaus von Rebsorten, die in → **Bordeaux** heimisch sind, daher wurden diese Sorten bei der Einrichtung der DO 1982 ebenfalls zugelassen.

Ried in → **Österreich** gebräuchliche Bezeichnung für → **Einzellage**.

Riesling → **linke Seite**

Rioja nordspanische Ursprungsbezeichnung im Rang einer → **DOCa**, 50000 Hektar entlang des Flusses Ebro. Rioja kann als Archetyp aller spanischen Rotweine gelten: Hier, zumal im Teilgebiet Rioja Alta, erlangt → **Spaniens** edelste Sorte → **Tempranillo** die typische Verbindung von Feuer, Säurenerv und Weichheit. Rioja-Weine werden je nach Dauer des → **Ausbaus** als → **Crianza**, → **Reserva** oder Gran Reserva gehandelt. Die Reifung erfolgt in → **Barriques**, die Weine sind stark von → **Eiche** geprägt. Dies gilt auch für die goldenen, ausladenden Weißweine, die überwiegend aus der Sorte Macabeo (Viura) gewonnen und ebenfalls in Reserva- und Gran-Reserva-Varianten erzeugt werden.

Riserva italienische Qualitätsstufe, die ähnlich wie → **Reserva** in Spanien und Portugal auf längere Lagerzeit im Fass verweist.

Rivaner aus Gründen des Marketings eingeführter neuer Name für → **Müller-Thurgau**. Eigentlich sollte der Name »Rivaner« Weine kennzeichnen, die sich mit betont modernem Stil an ein jüngeres Publikum richten – doch die Verwendung wird nicht einheitlich gehandhabt.

Rosé hellroter Wein aus dunklen Trauben. Rosé entsteht, wenn die → **Maische** bereits am Beginn der → **Gärung** nach wenigen Stunden abgepresst wird. Denn während dieser kurzen Zeit haben die Beerenschalen nur wenig Farbe an den → **Most** abgegeben (→ **Rotweinbereitung**), der charakteristische Rosé-Ton entsteht. Als Variation dieses Verfahrens ist die → **Saigné**-Methode gebräuchlich. Anders als häufig angenommen wird, ist Rosé übrigens niemals ein → **Verschnitt** von rotem und weißem Wein. Einzig roséfarbener → **Champagner** kann (muss aber nicht) in dieser Form bereitet werden.

Rotliegender rotfarbener Boden aus Tonschiefer, einer stark verwitterten, bröckeligen, extrem mineralstoffreichen Form des → **Schiefers**. Auf Rotliegendem gewachsene Weine sind eindringlich aromatisch und korpulent – sie verfügen über → **Mineralität** und großes Potenzial zur → **Flaschenreife**.

Rotweinbereitung Produktion eines Weins, der → **Farbe** und → **Tannin** besitzt. Während Weißwein gewissermaßen von selbst zu solchem wird, erfordert die Produktion von Rotwein zusätzliche Maßnahmen (→ **Extraktion**). Auch dunkelfarbige Beeren besitzen nämlich (abgesehen von einigen → **Färbersorten**) farbloses Fruchtfleisch: Quetscht man sie aus, rinnt heller Saft heraus. Farbe erhält der → **Most** erst durch den Kontakt mit den Schalen. Daher entsteht auch aus blauen Trauben ein Weißwein, wenn man sie sofort nach der Lese presst.

Rückverschnitt Zusammenführen von Weinen, die aus derselben Lesepartie oder derselben → **Kelterung** stammen, jedoch zum → **Ausbau** getrennt wurden.

Ruländer → **Grauburgunder**

Rüttelpult ein zur Produktion hochwertiger → **Schaumweine** gebräuchliches Gestell, in das die Flaschen nach der → **Flaschengärung** mit dem Hals kopfüber eingesteckt werden. Das Gestell ist so konzipiert, dass sein Schwerpunkt mit einfachen Handgriffen verändert werden kann. Durch dieses Hin- und Herkippeln (der Ausdruck »Rütteln« ist etwas übertrieben) setzt sich die → **Hefe** nach und nach vollständig in den Flaschenhals ab – sie kann nach der gewünschten Lagerzeit entfernt werden. → **Degorgieren**.

Saale-Unstrut nördlichstes Anbaugebiet → **Deutschlands**, 650 Hektar vor allem in der Umgebung der Orte Naumburg an der Saale und Freyburg an der Unstrut. Die meist → **trocken** produzierten Weißweine (überwiegend → **Müller-Thurgau**, → **Weißburgunder** und → **Silvaner**) fallen kernig aus, besitzen dabei aber feingliedrige → **Frucht**.

Sachsen kleinstes Anbaugebiet → **Deutschlands**, 450 Hektar. Die stellenweise auf spektakulären Steilterrassen am Elbufer um Dresden angebauten Reben profitieren von Sommern, die zwar kurz, aber heiß sind. Es werden vor allem → **trockene** Weißweine erzeugt – unter ihnen ragt häufig der → **Traminer** hervor, und gute Weine entstehen auch aus → **Riesling** und weißen → **Burgundersorten**.

Saigné (wörtlich: »ausgeblutet«) Technik, bei der → **Rotweinbereitung** nebenbei auch → **Rosé** zu produzieren. Dabei wird einer → **Maische** am Beginn der → **Gärung** ein Teil des nur leicht gefärbten → **Mosts** entzogen und zu Wein vergoren. Diese Technik bringt einen doppelten Qualitätsgewinn: Der Rosé entstammt Trauben, die nicht von → **Botrytis** infiziert waren (→ **Reintönigkeit**), und der gleichzeitig entstehende Rotwein erfährt eine Konzentration: Nach dem Abzug des Saigné-Mosts umspült eine kleinere Menge Flüssigkeit die Beerenhäute. So erhält der Rotwein während der → **Gärung** mehr → **Extrakt**.

Sancerre hoch aromatischer, von markanter → **Säure** getragener → **AOC**-Weißwein von der → **Loire**, 2400 Hektar. Die besten Weine kommen von Böden, die reich an → **Kalk** und Feuersteinen sind: Sie erlangen eine faszinierende → **Mineralität** und haben weltweit Winzer dazu animiert, die Sorte → **Sauvignon blanc** ebenfalls anzubauen.

Sangiovese rote Paradesorte der → **Toskana**. Zwar ist Sangiovese in ganz → **Italien** verbreitet (90000 Hektar), doch nirgends anders als in den Rotwein-Klassikern → **Chianti**, → **Vino Nobile di Montepulciano** und → **Brunello di Montalcino** entfaltet er eine so hochwertige, von → **Tannin** gestützte → **Struktur**. Guter Sangiovese erlangt eine → **Flaschenreife**, die die → **Frucht** entfaltet und am Gaumen dennoch den Eindruck der Kompaktheit bewahrt. Sangiovese existiert in zahlreichen lokalen Spielarten: Im Ort Montepulciano heißt der Sangiovese »Prugnolo gentile«. »Sangioveto« ist ein kleinbeeriger Klon, der in Montalcino und im Chianti-classico-Gebiet besonders dichte Weine hervorbringt. Bekannt ist auch der Sangiovese di Romagna aus Mittelitalien – meist handelt es sich dabei um einen harmonischen, angenehmen, doch nur selten hochklassigen Rotwein.

Säure wichtiges Element des → **Geschmacks** von Weinen. Das Verhältnis, das die Säure zu anderen Komponenten eines Weins einnimmt (vor allem zu → **Körper** und → **Süße**), entscheidet maßgeblich darüber, ob ein Wein als harmonisch empfunden wird oder nicht. Neben Weinsäure können in einem Wein vor allem auch Äpfelsäure und Milchsäure vorkommen. Die spitz schmeckende Äpfelsäure ist in höheren Konzentrationen eher unerwünscht, sie lässt sich in der → **malolaktischen Gärung** zur etwas milderen Milchsäure umwandeln. Ein im Verhältnis zur Äpfelsäure hoher Anteil von Weinsäure gilt als Anzeichen dafür, dass die Trauben gut ausgereift waren – und der Wein eine gute Beständigkeit besitzen wird. In kleineren Konzentrationen kommen auch andere Säuren vor, z. B. die Bernsteinsäure und die → **Essigsäure**.

Sauerstoff Gas, das gut 20 Prozent der Luft ausmacht und auf Wein in vielfacher Weise wirkt: Sauerstoff kann Aromastoffe aufschließen (→ **Dekantieren**) und dafür sorgen, dass → **Tannine** mild und mürbe werden (→ **Polymerisation**). Zu hohe Mengen Sauerstoff oder ein Kontakt zur falschen Zeit – etwa am Beginn der → **Gärung** oder in Phasen ohne ausreichenden Schutz durch → **Schwefel** – verderben jedoch den Wein. → **Oxidation**.

Sauternes → **edelsüßer** Wein aus → **Bordeaux**, der etwa 50 Kilometer südlich der Stadt nahe der Mündung des Flusses Ciron in die Garonne gekeltert wird, 1600 Hektar. Das feuchte → **Klima** begünstigt das Entstehen von → **Botrytis** auf den Beeren der Sorten → **Sauvignon blanc** und → **Sémillon**. Der aus solchen Trauben gekelterte Wein wird in → **Barriques** vergoren und erlangt eine rare Harmonie von → **Süße**, Fülle und aromatischer Vielschichtigkeit. Der charakteristisch goldfarbene Sauternes verfügt über einen höheren Alkoholgehalt und tiefere → **Säure** als die meisten anderen edelsüßen Weine. Die → **Klassifikation** von Sauternes umfasst 27 Güter: 15 der Stufe Deuxième → **Cru classé**, elf der Kategorie Premier cru classé sowie ein »Premier cru supérieur classé«.

Sauvignon blanc weiße Traubensorte, die ausnehmend aromatische Weine hervorbringt – am charaktervollsten an der → **Loire**, wo sich ihr typischer Duft nach Schwarzer Johannisbeere mit → **Mineralität** paart. In

→ **Bordeaux** spielt Sauvignon blanc in den Weißweinen des Gebiets → **Graves** eine wichtige Rolle: Hier weist die Tönung der Frucht mildere, an Stachelbeere erinnernde Nuancen auf. Allerdings wird die Sorte in Bordeaux nur selten → **sortenrein** verwendet. Sauvignon blanc ist heute ein »global player« (ca. 60000 Hektar). Die namhaftesten nicht französischen Sauvignon blanc kommen aus → **Neuseeland** (Marlborough), aus → **Italien** (Friaul), sowie aus → **Österreich** (Steiermark).

Schaumwein meist weißer oder roséfarbener, durch hohen Gehalt an → **Kohlensäure** perlender Wein. Der in einer Flasche vorhandene Druck muss laut Weinrecht mehr als 3 bar betragen. Es gibt mehrere Methoden, Schaumwein zu produzieren: Die klassische und hochwertigste ist die in der → **Champagne** angewandte → **Flaschengärung**. Doch es sind auch weniger subtile Verfahren gebräuchlich, etwa die »méthode Charmat«, bei der die Kohlensäure erzeugende Zweitgärung im Drucktank stattfindet. → **Sekt**, → **Crémant**, → **Prosecco**, → **Spumante**, → **Cava**.

Schiefer kristallines, leicht spaltbares Gestein grauer bis blaugrauer Farbe. Die berühmtesten Schieferböden finden sich im deutschen Anbaugebiet → **Mosel-Saar-Ruwer**. Dort verleiht der Schiefer den Weinen nicht nur die typische ausgeprägte → **Mineralität**, sondern er wirkt auch durch seine Wärme speichernde Eigenschaft positiv auf das → **Mikroklima** der Weinberge. → **Einzellagen** der Mosel, die von Schiefer geprägt sind, erkennt man häufig an der Endung »-lay«. → **Rotliegender**

Schönung Oberbegriff für diverse Verfahren, um → **Weinfehler** zu entfernen. Die dabei zur Anwendung gelangenden Schönungsmittel werden stets wieder aus dem Wein entfernt – dennoch verblüfft es zuweilen, welche Substanzen legal eingesetzt werden können. Beispielsweise lassen sich gewisse → **Böckser** durch Zusatz von → **Kupfer** oder Silber entfernen. Aktivkohle dient der Entfernung pilziger Fäulnis-Aromen (→ **Botrytis**). Die meisten Schönungen entfernen allerdings nicht nur den Fehler, sondern auch einen Teil der positiven Eigenschaften. Harmlos ist hingegen die Schönung mit Hühnereiweiß: Sie verringert schonend den Gehalt an → **Tannin** in einem zu hart extrahierten Wein (→ **Extraktion**).

Schwarzriesling irreführender Name für eine rote → **Burgundersorte** ohne jede Verwandtschaft zum → **Riesling**. Als »Pinot Meunier« wächst der Schwarzriesling auf etwa 8000 Hektar in der → **Champagne**, wo er einen wichtigen Bestandteil der klassischen Cuvée darstellt. Da die Sorte leichter reif wird als → **Pinot noir**, wird Schwarzriesling beispielsweise in → **Württemberg** auf weniger herausragenden → **Einzellagen** erzeugt (1900 Hektar) und kann dort, wenn man ihm keine zu hohen → **Erträge** abnötigt, einen charmanten, fruchtbetonten, hellroten Wein hervorbringen.

Schwefel chemisches Element, Allheilmittel des Winzers gegen zahlreiche Probleme und Krankheiten, die den Wein bedrohen. Im Weinberg dient Schwefel zum → **Pflanzenschutz**, vor allem gegen Echten → **Mehltau**. Im Keller schützt Schwefel vor → **Oxidation**, beim → **Ausbau** im → **Fass** vor dem unerwünschten → **Brettanomyces**-Ton. Mit ihm lässt sich auch der → **Luftton** eines oxidierten Weins entfernen. Leere Fässer werden konserviert, indem man im Fass kleine Schwefelschnitten in Rauch aufgehen lässt. In Weinen, die → **Restzucker** besitzen oder sogar → **edelsüß** sind, ist ein höheres Quantum an Schwefel unabdingbar, um die Gefahr der Nachgärung zu bannen. Schwefel hat jedoch auch negative Eigenschaften: Im Wein können unangenehm riechende Schwefelwasserstoff-Verbindungen entstehen (»Schwefelböckser«). Schwefeln vermindert die

Intensität der → **Farbe** von Rotweinen. Manche Menschen sind allergisch gegen Schwefel – sie beginnen zu niesen, wenn sie an einem stärker geschwefelten Wein riechen. Ansonsten ist Schwefel in den üblicherweise vorhandenen Konzentrationen gesundheitlich unbedenklich – einzig → **Süßweine** können auf Konzentrationen kommen, die je nach getrunkener Menge und persönlicher Empfindlichkeit Kopfschmerzen (mit) verursachen.

Schweiz im Ausland als Weinbauland fast unbekannte Alpenrepublik, 15 000 Hektar. Die Anbaugebiete der Schweiz sind in sich sehr heterogen: Nördlich und südlich der Alpen unterscheidet sich nicht nur das → **Klima** in beträchtlichem Ausmaß – auch die kulturellen Einflüsse (französisch, italienisch, alemannisch, rhätisch) bedingen eine Vielfalt an Weintypen. Die eigenwilligen Bedingungen von Klima und Geologie führen dazu, dass zahlreiche ausdrucksstarke, viel lokalen Charakter zeigende Weine entstehen. Da jedoch außer bei Massenweinen wie → **Fendant** und Dôle (→ **Wallis**) stets nur kleinste Mengen erzeugt werden, wurden sie bisher im Ausland kaum wahrgenommen: Die besten Weine werden im Land selbst, ja meist sogar im engeren Umfeld der Herkunftsregion getrunken. Größtes Qualitätspotenzial besitzen → **Merlot** aus dem → **Tessin**, → **Crus** vom Genfer See, Lokalsorten des → **Wallis** sowie → **Pinot noir** aus → **Neuchâtel** und der → **Ostschweiz**.

Sekt → **Schaumwein** meist einfacher Machart. → **Flaschengärung** ist nicht vorgeschrieben, und so entstehen vor allem billige Markensekte ausnahmslos im Drucktank. Es gibt jedoch auch handwerklich in Flaschengärung hergestellten »Winzersekt«: Für die Produzenten eines solchen aus eigenen Grundweinen erzeugten Sekts ist es unbefriedigend, dass unter derselben Bezeichnung auch Produkte verkauft werden können, die aus billig importierten ausländischen Grundweinen bestehen.

Sémillon weiße Traubensorte aus → **Bordeaux**, die schweren, würzigen → **trockenen** Weißwein hervorbringen kann. Sie spielt aber wegen ihrer Anfälligkeit für → **Botrytis** auch eine Hauptrolle bei der Bereitung → **edelsüßer** Weine wie des → **Sauternes**. 15 000 Hektar in Frankreich, außerdem in → **Chile** (5 000 Hektar) und → **Australien** verbreitet (3 000 Hektar).

Sensorik → **Seite 106**

Sherry oxidativ ausgebauter, durch Alkoholzugabe (→ **Spriten**) auf einen Alkoholgehalt von 16 bis 20 Volumenprozent gebrachter (Weiß-)Wein aus der Gegend des andalusischen Orts Jerez. Dort wächst auf 18 000 Hektar vor allem die anderswo wenig bemerkenswerte Sorte Palomino. Die Böden enthalten → **Lehm**, Sand oder → **Kreide**. Das Verfahren der Sherry-Bereitung ist ein alter Kunstkniff, sich Naturkräfte zunutze zu machen. Statt die → **Oxidation** zu bekämpfen, leben die Produzenten von Sherry mit ihr – und haben dabei die Wirkung des → **Sauerstoffs** beim traditionellen Ausbau in der → **Solera** kultiviert: Die → **trockenen** Sherry-Typen Fino und Manzanilla entwickeln sich unter einer → **Florhefe** zu mineralischer Zartheit. Amontillado und Oloroso können trocken bis halbtrocken ausfallen, langjährige Lagerung ohne Florhefe verleiht ihnen einen Braunton. Cream ist ein sehr süßer Sherry.

Silvaner einst wichtigste Weißweinsorte in den großen deutschen Anbaugebieten → **Pfalz** und → **Rheinhessen**. Heute wird ihre Qualität jedoch nur noch in → **Franken** durch große Verbreitung gewürdigt. Silvaner ist weniger von → **Säure** geprägt als → **Riesling** – er reagiert jedoch ebenso sensibel auf die Eigenheiten des Bodens: Das typische Blütenaroma des Silvaner kann ausgesprochen erdige Nuancen erhalten. In → **Deutschland** 6 400 Hektar, im → **Elsass** 2 000 Hektar, in der → **Schweiz** 200 Hektar.

Sensorik

Wein wird durch die Sinne wahrgenommen! Er hat → **Farbe** und Klarheit (Auge), Geruch (Nase), → **Geschmack** (Zunge), Viskosität und Reichtum an → **Tannin** (Tastsinn). Die Sinneseindrücke zu deuten ist die Aufgabe der Sensorik. Diese Deutung beginnt mit der Kenntnis des eigenen Sinnenapparates: Die Empfindlichkeit, einen bestimmten Geruch wahrzunehmen, ist von Mensch zu Mensch unterschiedlich. Und die Dimensionen des Geschmacks (→ **Süße**, → **Säure**, Salzigkeit und Bitternis) können in unterschiedlichen Bereichen der Zunge wahrgenommen werden.

Weiterhin gilt es, die einzelnen Komponenten der Eindrücke zu unterscheiden, beispielsweise im Geruch: Riecht ein Wein »fruchtig«, stellt sich die Frage: Beere oder Steinfrucht, Kernobst oder exotische Frucht? Oder welche Kombination? Und weiter: welche Beere genau? Leider ist das Gedächtnis für Aromen beim Menschen nicht sehr ausgeprägt.

Zur Untersuchung des Geschmacks hat sich die Gliederung entlang der Zeitachse bewährt: Was passiert wann im Mund? Löst zunächst der → **Körper** eine weiche Empfindung aus, oder tritt sofort die Säure in den Vordergrund? Welche Komponente gewinnt danach die Oberhand? Mit dem → **Abgang** des Weins schließlich lässt die analytische Aufmerksamkeit des Verkosters nach: Jetzt tritt die Harmonie des Weins in den Blick: Welcher Gesamteindruck bleibt zurück? Hat der Wein Intensität und Länge? Und: Stimmen die Aromen des Abgangs mit denen überein, die man beim Hineinriechen ins Glas wahrnimmt?

!! Der Abgang eines Weins sagt besonders viel über dessen Güte aus. Er zeigt sich jedoch nicht durch das Schlucken: Die Speiseröhre ist kein Sinnesorgan! Die Sinnesempfindungen des Abgangs stammen von der Zunge – und durch die Vermittlung des »Retronasalraums« aus der Nase.

Smaragd 1986 vom privaten Weinbauverband »Vinea Wachau Nobilis Districtus« eingeführte Bezeichnung für die besten → **trockenen** Weißweine aus der → **Wachau**, überwiegend aus den Sorten → **Riesling** und → **Grüner Veltliner**. Smaragd-Weine wurden zum Inbegriff des qualitativen Aufschwungs in → **Österreich**. Ihr Typus ist der einer besonders kräftigen, mit niedrigem → **Ertrag** erzeugten und aus bestem → **Ried** stammenden → **Spätlese**.

Solera Verfahren des → **Ausbaus** von Wein, bei dem Weine systematisch miteinander verschnitten werden, die selbst durch → **Verschnitt** (und zwar verschiedener Jahrgänge) entstanden. Man kann sich die Solera als Kaskade vorstellen: Wird aus einem → **Fass** am Ende einer Kette etwas Wein zur Abfüllung entnommen (wobei das Fass niemals geleert wird!), wird es mit Weinen wieder aufgefüllt, die aus den in der Kette davor stehenden Fässern stammen. Der Schwund dieser Fässer wird wiederum mit Weinen aus Fässern aufgefüllt, die ein Kettenglied früher stehen – und so fort, bis neuer Wein in die am Anfang des Auffüllzyklus stehenden Fässer nachgefüllt wird. Je länger die Kette, desto mehr verschiedene Jahrgänge enthält der Wein, der zur Abfüllung gelangt. → **Madeira**, → **Malaga**, → **Portwein**, → **Sherry**.

Sommelier Weinkellner. Ein guter Sommelier serviert nicht nur Wein perfekt, er kann auch die richtigen Empfehlungen zum Essen aussprechen. Und er sorgt durch den überlegten Einkauf junger Weine dafür, dass die Weinkarte des Restaurants auch in späteren Jahren attraktive Posten bereithalten wird.

Sortenrein ausschließlich aus Trauben einer einzelnen Rebsorte gekeltert. Die Weingesetze der meisten Produktionsländer definieren Sortenreinheit jedoch tolerant: In der Regel ist es gestattet, bis zu 15 Prozent (in den → **USA** sogar bis zu 25 Prozent) einer oder mehrerer anderer Sorten zu verschneiden, ohne dass die Verschnittsorte(n) auf dem → **Etikett** genannt werden müssen.

Spanien nach Anbaufläche das mit Abstand größte Weinbauland der Welt: Auf etwa 1,2 Millionen Hektar wachsen in Spanien Reben. Da das trockene → **Klima** zu niedrigem → **Ertrag** führt, fällt Spanien jedoch in der Gesamtmenge produzierten Weins hinter → **Italien** und → **Frankreich** zurück. Spaniens Weinwirtschaft war während der Ära Franco durch Stagnation gekennzeichnet. Der Weinexport beschränkte sich auf → **Sherry**. Mit der nach 1975 begonnenen Demokratisierung des Landes setzte eine qualitative Explosion ein: Das → **DOCa**-Gebiet → **Rioja** sowie die → **DO**-Gebiete → **Ribera del Duero**, Navarra, Somontano und Priorato errangen nacheinander hohes internationales Prestige für ihren Rotwein, den DO Penedés, Rias Baixas und Rueda gelang dasselbe für Weißwein. Im Lauf der neunziger Jahre entstanden zahlreiche neue → **Kultweine**. Spaniens Weinkultur besitzt starke Eigenständigkeit. Zwar knüpften die nördlichen Regionen während der Invasion der → **Reblaus** Geschäftsbeziehungen nach → **Bordeaux** und übernahmen von dort beispielsweise das → **Barrique**, doch Spaniens urtümliche Rotweine setzen in einer anderswo unbekannten Art auf prägnante → **Säure** und den aromatischen Einfluss der → **Eiche** – mit der Idee, dem Wein durch einen besonders langen → **Ausbau** im Holz den richtigen Schliff zukommen zu lassen. Ein Rezept, ganz und gar zugeschnitten auf die wichtigste rote Sorte → **Tempranillo**.

Spätlese in → **Deutschland** und → **Österreich** ein → **Prädikatswein**, der aus hochreifen, aber nicht von → **Botrytis** befallenen Trauben gekeltert wird. Die Trauben werden ein bis zwei Wochen nach der Hauptlese geerntet. → **Trockene** Spätlesen sind klassisch proportionierte

Weine: Ihr → **Körper** besitzt Kraft – da → **Anreicherung** jedoch nicht erlaubt ist, liegen sie im Alkoholgehalt nicht unharmonisch hoch. Spätlesen, die von einem höheren Gehalt an → **Restzucker** geprägt sind, können ein schönes Spiel von → **Süße** und → **Säure** aufweisen.

Spätburgunder → **Pinot noir**

Spriten Heraufsetzen des Alkoholgehalts eines Weins mit Hilfe von Weinbrand oder destilliertem Alkohol. Gebräuchlich vor allem zum Abstoppen der → **Gärung** (um → **Restzucker** zu erhalten), historisch auch ein Kunstgriff, um Weine stabil zu machen, beispielsweise zum Transport oder zur Lagerung. → **Madeira**, → **Portwein**, → **Sherry**.

Spumante → **Schaumwein** aus → **Italien**, sehr unstet in seiner Qualität. Asti Spumante (→ **Muscat**) kann reizvoll sein, ist jedoch meist klebrig süß. Der mit Abstand stilvollste Spumante stammt aus der Region Franciacorta in der Lombardei. Dort entsteht aus den klassischen Sorten der → **Champagne** ein Schaumwein, dem jüngst der → **DOCG-Rang** zuteil wurde.

Steillage Weinberg mit einer Hangneigung von mindestens 30 Prozent. Steillagen bieten ein gutes → **Mikroklima**, sind jedoch extrem aufwändig zu bewirtschaften, da der Einsatz von Maschinen kaum möglich ist.

St-Emilion bedeutendste → **AOC** für roten → **Bordeaux** im → **Libournais** am rechten Ufer der Gironde, 5400 Hektar. Die überwiegend aus → **Merlot** und → **Cabernet franc** gekelterten Rotweine werden gemäß der 1955 eingerichteten und 1996 überarbeiteten → **Klassifikation** in vier Kategorien erzeugt: → **Grand cru** heißen die Weine der einfachsten Güter. 55 besonders bewährte Châteaux tragen die Bezeichnung Grand → **cru classé**. Über diesen stehen elf Güter der Kategorie Premier grand cru classé B und zwei der allerhöchsten Stufe: Premier grand cru classé A. In St-Emilion gibt es verschiedene Böden sowie drei Typen von Lagen: auf einem Hochplateau, am Hang und in der Ebene. Entsprechend vielfältig fallen die Weine aus. Generell sind sie jedoch runder als in den Gebieten → **Médoc** und → **Graves** am linken Ufer der Gironde, und auch die besten sind in ihrer eigentümlichen Mischung von Dichte und Feinheit schon nach wenigen Jahren der → **Flaschenreife** mit großem Genuss zu trinken.

St-Estèphe nördlichste → **AOC** des → **Haut-Médoc**, 1200 Hektar, vor allem unter eingefleischten → **Bordeaux**-Liebhabern höchst angesehen für kernigen, in seiner Jugend unzugänglichen → **Rotwein**. Nach ausreichender → **Flaschenreife** erlangen die Weine jedoch eine würzige → **Mineralität** und große Eleganz. Die Böden sind schwerer als in den Ortschaften, die sich in südlicher Richtung anschließen: Unter dem → **Kies** finden sich Lagen von Ton. Es gibt eine Handvoll → **Crus classés** und besonders viele gute → **Crus bourgeois**.

Still ohne nennenswerten Gehalt an → **Kohlensäure**.

St-Julien → **AOC** des → **Haut-Médoc**, die für besonders harmonischen, klassisch gebauten roten → **Bordeaux** bekannt ist, 900 Hektar. Innerhalb des Appellationsgebiets gibt es zahlreiche → **Crus classés**. Manche Güter neigen in ihrem Wein dem kräftigen Stil der nördlichen Nachbargemeinde → **Pauillac** zu.

Struktur wichtiges Kriterium für die Qualität eines Weins, »Rückgrat«, das den → **Geschmack** trägt. Vor allem → **Säure** und → **Gerbstoff** bilden dieses Skelett, in das sich Aromastoffe und → **Süße** einfügen wie das Fleisch und die Muskeln in einen Knochenbau. → **Sensorik**.

Südafrika populäre Weinbau-Nation der → **Neuen Welt**, 100 000 Hektar. Südafrikas Weinbau war während des Apartheid-Regimes fast ausschließlich genossenschaftlich organisiert – erst im letzten Jahrzehnt beginnen private Güter, qualitätsorientierte Initiative zu entwickeln (und teilweise auch, Rassenschranken zu überwinden). Südafrikas in vielerlei Hinsicht am Modell → **Deutschlands** orientierter Weinbau ist zurzeit noch immer von (zu) hohem → **Ertrag** geprägt. Zwischen den wenigen Qualitätsspitzen und dem Gros mit hohem technischem Aufwand produzierter Konsumweine klafft noch eine breite Lücke. Im Anbau überwiegt Weißwein zu 75 Prozent. Wichtigste Sorten sind: → **Chenin blanc** (»Steen«), → **Chardonnay**, → **Merlot** und → **Cabernet Sauvignon**, aber auch → **Pinotage**.

Sud-Ouest Sammelbegriff für eine Reihe im Schatten → **Bordeaux**' stehender Weinbaugebiete im Südwesten → **Frankreichs**, beispielsweise die flussaufwärts der Garonne gelegenen → **AOC** Bergerac, Cahors, Gaillac sowie Madiran im Baskenland. Aus diesen Gebieten kommen beachtenswerte Rotweine aus Rebsorten wie → **Malbec** oder Tannat, die reich an → **Tannin** und gut lagerfähig, wegen ihres geringen Prestiges in der Regel aber recht günstig sind.

Süditalien die italienischen Regionen Molise, Abruzzen, Apulien, Kalabrien, Kampanien, Basilikata, Sizilien und Sardinien. Diese Regionen eint heißes, trockenes → **Klima**, vor allem jedoch die lang währende soziale und wirtschaftliche Zurücksetzung. Süditaliens Winzer konnten sich Jahrzehnte lang nur als Lieferanten billiger → **Fassweine** über Wasser halten, das reichlich vorhandene Potenzial blieb ungenutzt. Es ist erst eine Entwicklung der letzten 15 Jahre, dass diese Regionen ihre Vielfalt an regional oder lokal verbreiteten Rebsorten zu erforschen beginnen – und Weine von eigenständigem Charakter selbst vermarkten.

Die wichtigsten lokalen → **DOC**-Rotweine Süditaliens sind: Montepulciano d'Abruzzo (Abruzzen), Salice Salentino (Apulien), Cirò (Kalabrien), Taurasi (→ **DOCG**, Kampanien), Aglianico del Vulture (Basilikata), Cannonau (Sardinien), Cerasuolo di Vittoria (Sizilien). Darüber hinaus werden in allen Regionen Experimente mit »internationalen« Sorten wie → **Cabernet Sauvignon** durchgeführt. Die dabei entstehenden Weine erinnern durch ihre technische Machart und ihre Kraft oft an Weine der → **Neuen Welt**.

Süße Wahrnehmung des Geschmackssinns. Die im Wein schmeckbare Süße kann verschiedene Ursachen haben: Weine können → **Restzucker** aufweisen, der entweder durch frühzeitiges Abstoppen der → **Gärung** erhalten wurde oder nachträglich durch → **Süßreserve** einem durchgegorenen Wein wieder zugesetzt wurde. Zuweilen tritt aber auch ein süßer Geschmack in Erscheinung, auch wenn ein Wein analytisch kaum → **Zucker** enthält: Weine, die reich an → **Körper** sind und wenig → **Säure** haben, erscheinen oft süß, auch wenn sie → **trocken** sind. Man spricht sogar von »Extraktsüße«, wenn die Fülle der Inhaltsstoffe – und nicht etwa vorhandener Restzucker – dem Wein eine gewisse Milde verleihen. → **Sensorik**.

Süßreserve Hilfsmittel der → **Kellertechnik**, um einen bereits → **durchgegorenen** Wein gefälliger zu machen, indem ihm süßer, konservierter → **Most** zugesetzt wird. Immerhin entnehmen gute Produzenten die Süßreserve für einen bestimmten Wein ebendem Most, der zu diesem Wein vergoren wird.

Sur lie → **Ausbau** auf der → **Hefe**. Sur-lie-Weine haben meist einen mehr oder weniger dezenten Hefeton (er erinnert an Bäckerhefe, Brioche oder gekörnte Brühe), und meist sind sie durch ein wenig aus der → **Gärung** übrig gebliebene → **Kohlensäure** »spritzig«.

Syrah, in Australien **Shiraz** noble rote Traubensorte möglicherweise persischer Herkunft, gegenwärtig vor allem an der → **Rhône** (ca. 10 000 Hektar) und in → **Australien** (20 000 Hektar) mit Heimrecht. Auf den fünften Kontinent gelangte die Sorte 1832. Syrah ist eine facettenreiche Sorte, die bei ungenügender Reife der Trauben grünlich-herbe, aber kaum banale Weine hervorbringt: Im → **Klima** der nördlichen Rhône gerät der Wein sehr fest und kompakt, zuweilen beinahe abstoßend streng in seinem Duft, erst im Alter entfaltet er opulente Würze. In heißeren Klimazonen besticht Syrah durch → **Frucht**, hohen Alkoholgehalt und weiche, zugängliche Art. Ein zwischen diesen beiden Extremen liegender Syrah-Stil zeichnet sich im → **Langedoc-Roussillon** ab, wo die Anbaufläche der Syrah stark zunimmt (25 000 Hektar).

Tafelwein niedrigste Qualitätsstufe. Die Trauben müssen nur einen minimalen Reifegrad erreicht haben, und selbst → **Verschnitt** zwischen den Weinen verschiedener Gebiete ist möglich.

Tannin Gerbstoff. Tannin ist das wesensbestimmende Merkmal von Rotweinen. Seine Qualität und die Menge, in der es vorhanden ist, entscheiden über Typus, Güte und Lagerfähigkeit eines Weins. Im Mund wird Tannin über den Tastsinn wahrgenommen. Gerade bei jungen Weinen kann es adstringierend wirken (also die Schleimhäute zusammenziehen), es sollte jedoch keinen bitteren → **Geschmack** aufweisen. → **Extraktion**, → **Phenole**, → **Polymerisation**.

Tempranillo auch **Tinta del País**, **Ull de Llebre**, **Tinta Roriz**, **Aragonez** rote Traube aus → **Spanien**, die Weine mit moderatem Alkoholgehalt, kräftiger → **Säure** und viel → **Tannin** hervorbringt. Alle klassischen Rotweine Spaniens verdanken dem Tempranillo ihre Eleganz. Da Tempranillo früh reift, kann er auch in höher gelegenen, etwas kühleren Anbaugebieten angebaut

Terroir

Wenn Weinjournalisten (aber auch Winzer) bei der Beschreibung eines Weines die Worte ausgehen, dann machen sie eine ernste Miene und sagen: »Terroir«. Spaß beiseite: Dieser zentrale Begriff des französischen Weinverständnisses ist bei aller Unschärfe nicht willkürlich. »Terroir« umfasst Bodentyp, → **Klima**, → **Mikroklima**, die traditionellen Rebsorten und die lokal gebräuchlichen Formen der Weinbergspflege, kurz: die Gesamtheit der Faktoren, die aus der natürlichen Umgebung einer Weinbergslage auf die Reifebedingungen der Trauben und die spätere Weinqualität einwirken. In gewissen Sinn gehört sogar der Winzer mit seinen Weltanschauungen zum Terroir! Als »goût de terroir« im → **Geruch** eines Weins bezeichnet man seine → **Mineralität**, – sie hat zweifellos vorrangig mit dem Boden zu tun. → **Cru**.

werden (→ **Ribera del Duero**). Weltweit erreicht er eine Anbaufläche von knapp über 100 000 Hektar. Außer in Spanien wächst die Sorte auch in → **Portugal**, → **Kalifornien** und → **Argentinien**.

Terroir → linke Seite

Tessin

Weinbaukanton der → **Schweiz**, 1 000 Hektar. Das Tessin führte bereits nach 1945 großflächig die Sorte → **Merlot** ein – Jahrzehnte, bevor die Sorte international zu boomen begann. Bis in die achtziger Jahre hinein entstanden jedoch nur einfache Tischweine. Seither haben ambitionierte, in → **Barriques** ausgebaute Typen das Image des Merlot del Ticino verändert. Die besten Exemplare sind heute charaktervolle, für die → **Flaschenreife** gut geeignete Rotweine, die dem Merlot eine durch die Nähe der Alpen bedingte, höchst reizvolle Kernigkeit mitgeben. 1997 schuf der Kanton eine fragwürdige Ursprungsbezeichnung (→ **DOC**), nach der Tessiner Wein mit zehn Prozent Wein ausländischer → **Herkunft** verschnitten werden darf.

Tokajer

edelsüßer Wein aus dem Nordwesten Ungarns, überwiegend aus der Traubensorte Furmint gekeltert (5 500 Hektar). Tokajer ist von eindrücklicher Aromenvielfalt. → **Süße** und → **Säure** erlangen in ihm ein reizvolles Gleichgewicht. Produziert wird er auf eigentümliche Weise: In einem aus sehr reifen Trauben bereiteten → **durchgegorenen** Grundwein wird mehrere Tage lang eine Masse aus → **edelfaulen**, getrockneten Trauben derselben Lese ausgelaugt. Je mehr der 20 Kilo Trauben-Konzentrat fassenden Bütten (»puttonyos«) einem 136-Liter-→**Fass** zugegeben wurden, desto süßer und reicher an → **Extrakt** fällt der Tokajer nach dem → **Pressen** aus. Am verbreitetsten sind drei- bis fünfbuttige Tokajer, sechsbuttiger ist sehr rar.

Toskana

Diese mittelitalienische Region ist bekannt für Kunstschätze und Lebenskultur. Der Weinbau mit seinen 75000 Hektar Fläche nimmt dabei eine gewichtige Position ein. Doch mehr noch als in anderen Regionen → **Italiens** steckt er zwischen Florenz und Siena in einem Zwiespalt zwischen der rustikalen Tradition der Winzerdörfer und den globalisierten Gepflogenheiten des Weinhandels. Eine wahre Kulturrevolution löste in den siebziger Jahren die Hinwendung einzelner Produzenten zu den ursprünglich für → **DOC** und →**DOCG**-Weine unzulässigen internationalen Traubensorten aus: Es entstanden hochwertige → **Tafelweine**, in denen der heimische → **Sangiovese** ganz oder teilweise durch → **Cabernet Sauvignon** ersetzt wurde, so genannte »Super Tuscans«. Als das Verbot internationaler Sorten für die Produktion höherwertiger Ursprungsbezeichnungen gefallen war, setzte der Boom ein zuvor wenig angesehenes Gebiet auf die Tagesordnung: die Küstenregion Maremma. Derweil ist die Zahl der (selbst ernannten) »Supertoskaner« so groß geworden, dass sie alleine darum schon den Namen nicht mehr verdienen. Traditionelle Typen wie der → **Chianti** gerieten darüber in eine Identitätskrise. Jüngst deutet sich jedoch an, dass die in der Tradition verwurzelten Rotweine auf Basis des Sangiovese wieder an Beliebtheit gewinnen. Toskanische Weißweine sind in der Regel wenig bemerkenswert, eine Ausnahme ist der Vernaccia di San Gimignano. Vin Santo ist ein → **edelsüßer**, ausladender, oft in → **Barriques** vergorener → **Passito**, der aus weißen oder roten Rebsorten bereitet werden kann.

!!! Wein aus dem Toskana-Urlaub mitzubringen lohnt sich nicht: Häufig sind die Flaschen im deutschen Handel preiswerter zu bekommen.

Tonneau mittelgroßes Holzfass. Ursprünglich eine abstrakte Maßeinheit des Handels mit → **Bordeaux**, dem Inhalt von vier → **Barriques** entsprechend (900 Liter). Inzwischen wird die entsprechende Fassgröße jedoch auch wirklich für den → **Ausbau** von Weinen verwendet. Tonneaux werden in Größen zwischen 800 und 1000 Litern hergestellt und beeinflussen den Wein nur sehr diskret.

Toskana → **linke Seite**

Traminer alte Weißwein-Sorte mit bronzefarbenen bis hellroten Beeren. Ihr Wein wird bei besonderer Intensität des blumigen Buketts auch als → **Gewürztraminer** bezeichnet. Allerdings gibt es auch Traminer-Spielarten, deren Wein bedeutend weniger aromatisch ausfällt, etwa den weißen Traminer (im → **Wallis**: »Heida«, im französischen Jura: »Savagnin blanc«).

Trebbiano auch **Ugni blanc** harmlose, aber vor allem in → **Italien** und → **Frankreich** sehr weit verbreitete, reichen → **Ertrag** gestattende weiße Rebsorte (Platz vier der weltweiten Flächenstatistik, ca. 200000 Hektar), bekannt vor allem durch Weißweine aus der → **Toskana** (Galestro). In Frankreich dient der Ugni blanc auch zur Destillation von Cognac.

Trocken frei oder fast frei von → **Restsüße.** In → **Deutschland** und → **Österreich** darf ein trockener Wein immerhin 9 Gramm Restzucker aufweisen – ein Zugeständnis daran, dass hoher Gehalt an → **Säure** auch bei dem Vorhandensein von etwas → **Süße** ein trockenes Geschmacksbild hervorbringt. Verwirrenderweise weist die Bezeichnung »trocken« beim → **Schaumwein** auf eine wirklich süße → **Geschmacksrichtung** hin (zwischen 17 und 35 Gramm Restzucker pro Liter).

Trockenbeerenauslese in → **Deutschland** und → **Österreich** der seltenste und teuerste → **Prädikatswein**. Er wird aus Rosinen gekeltert, die am Stock unter dem Einfluss der → **Edelfäule** stark eingetrocknet sind. → **Mostgewichte** von 150 Grad Oechsle sind vorgeschrieben, möglich sind jedoch auch 300 Oechsle! Beim → **Pressen** ergeben solche Trauben nur wenig → **Most**. Dieser ist jedoch von eindringlicher Konzentration und großer aromatischer → **Komplexität**. Trockenbeerenauslesen vergären häufig nur bis zu einem Alkoholgehalt von 6 oder 7 Volumenprozent. Dennoch sind sie fast unbegrenzt lagerfähig.

Trollinger hellrote, äußerst ertragreiche Traubensorte. Im deutschen Anbaugebiet → **Württemberg** stellt sie mit 2600 Hektar beinahe ein Viertel der gesamten Fläche. Der Trollinger ist stets ein hellfarbener, leichter Wein. Er kann mit seiner saftigen Frucht und dem sprichwörtlichen »Bodagfährtle« (einem »Bodenton«) durchaus Eleganz besitzen – doch das Gros der Weine ist äußerst schlicht und dünn. Da die Sorte spät reift, benötigt sie gute Lagen – ein Umstand, der in einem gewissen Gegensatz zu ihrem bescheidenen qualitativen Potenzial steht. Ursprung des Trollingers ist Südtirol – dort wird er als »Vernatsch« (Schiava) auf knapp 3000 Hektar kultiviert.

Unterlage Wurzel einer Wildrebe, die gegen die → **Reblaus** unempfindlich ist. Auf diese Wurzel wird das Holz einer vor der Reblaus zu schützenden → **Europäerrebe** aufgepfropft – sodass beide Teile miteinander verwachsen. Holz und Blattwerk des Stocks werden jetzt durch die (artfremde) Wurzel mit Wasser und Nährstoffen versorgt, doch die heranwachsenden Trauben sind die der Europäersorte. Nur mit diesem Trick ließ sich der Weinbau nach der Invasion der Reblaus retten. Darüber, ob die Nutzung von Unterlagen die Weinqualität verändert hat, kann heute nur noch spekuliert werden.

USA der wichtigste Absatzmarkt für Spitzenweine weltweit – und das flächenstärkste Weinbauland außerhalb Europas. Von den 330 000 Hektar Anbaufläche gelten allerdings 140 000 Hektar dem Anbau von Rosinen und Tafeltrauben. Bundesbehörden haben seit 1983 die Weinbaugebiete der ganzen USA in so genannte AVA-Zonen (»American Viticultural Areas«) untergliedert, mittlerweile gibt es über 100 von ihnen. Von einer klassischen Ursprungsbezeichnung unterscheidet sich das AVA-System jedoch darin, dass Weine nur zu 85 Prozent auch aus dem betreffenden Bereich stammen müssen, wenn sie den Namen der AVA auf dem Etikett führen. Auch Bestimmungen über maximal zulässige → **Erträge** fehlen. Der mit Abstand bedeutendste Weinbaubundesstaat ist → **Kalifornien** – doch auch zwei kleinere Regionen im pazifischen Nordwesten gewinnen an Bedeutung: Oregon (6 000 Hektar) hat sich einen Namen für anspruchsvolle Weine aus → **Burgundersorten** gemacht, Washington (14 000 Hektar) besitzt wachsendes Renomée für → **Cabernet Sauvignon**.

Verdicchio weiße Traubensorte, in der Region Marken in Mittelitalien zu Hause. 2 500 Hektar. Früher war Verdicchio ein klassischer anspruchsloser Pizzeria-Wein, doch inzwischen keltern qualitätsbewusste Winzer hochwertige Weine mit viel → **Körper**, die die Sorte von einer intensiv aromatischen Seite zeigen.

Verschnitt Methode, mehrere verschiedene Weine so zu mischen, dass die Qualität des entstehenden Weins die der Grundweine übertrifft. Natürlich sind dabei keine Wunder möglich. Nur wenn die Grundweine von hoher Qualität sind, ist auch der Verschnitt hochwertig (→ **Assemblage**, → **Cuvée**). Meist jedoch kaufen Händler große Mengen billiger → **Fassweine** von verschiedenen Lieferanten, um aus ihnen ein mehr oder wenig standardisiertes Markenprodukt herzustellen, in dem sich die kleinen Fehler, Ecken und Kanten der Grundweine gegenseitig ausgleichen.

Vieilles vignes Angabe auf französischen → **Etiketten**, die besagt, dass der Wein aus dem → **Ertrag** alter Reben gekeltert wurde. Dies ist ein Qualitätsmerkmal: Alte Reben wurzeln tief, nehmen viele Nährstoffe auf. Zugleich tragen sie nur wenige Trauben, was dem Wein Dichte verleiht.

Villages Namenszusatz einiger → **AOC**-Gebiete. Er verweist darauf, dass der betreffende Wein aus den höher angesehenen Zonen des Anbaugebiets kommt: → **Beaujolais** Villages stammt aus dem Norden des Beaujolais, wo die Böden besser sind. Unter den Côtes du Rhône-Villages erzeugenden Gemeinden gelten 16 sogar als Kandidaten für eine eigene Ursprungsbezeichnung. An der → **Côte d'Or** wiederum spricht man von der Stufe »Villages«, wenn es sich um einen Wein mit Gemeinde-AOC handelt, der aber nicht aus einer klassifizierten → **Einzellage** stammt.

Vinho Verde riesiges → **DOC**-Anbaugebiet im niederschlagsreichen Nordwesten → **Portugals** (50 000 Hektar). Zwar ist im Ausland beinahe nur weißer Vinho Verde bekannt, doch der Anteil der (häufig aus → **Hybriden** bereiteten) Rotweine an der Produktion beträgt gut 50 Prozent. Rot- wie Weißwein haben jedoch einen ähnlichen Stil: Da die Trauben nur eine knappe Reife erlangen, ist ihr → **Geschmack** markant herb und säuerlich. Ein typischer Vinho Verde ist spritzig und besitzt eine geradezu durstlöschende Leichtigkeit (meist nur 9 Volumenprozent Alkohol, nur wenige, reinsortig aus → **Alvarinho** gekelterte Weine erreichen 11 Prozent und mehr). Wegen der → **Granit** und → **Schiefer** aufweisenden Böden kann Vinho Verde auch eine beeindruckende → **Mineralität** besitzen. Er sollte jung getrunken werden.

Vino Nobile di Montepulciano → **DOCG**-Rotwein aus dem Ort Montepulciano in der → **Toskana**, nicht zu verwechseln mit dem weniger prestigereichen »Montepulciano d'Abruzzo« aus → **Süditalien**. Der Vino Nobile wächst in bis zu 500 Metern Höhe auf Böden, die Sand und → **Lehm** enthalten (1100 Hektar): Er kann in seiner Jugend ein strenger, an → **Tannin** und → **Säure** reicher Wein sein. Daher kam er trotz des Toskana-Booms nie sonderlich in Mode – was dazu führte, dass er seine Ursprünglichkeit bewahrt hat und auch die Preise auf dem Boden geblieben sind. Wichtigste Rebsorte ist der vor Ort »Prugnolo« genannte → **Sangiovese**, dem traditionellen Anteil der Lokalsorte Mammolo schreiben die Einheimischen den typischen Veilchen-Duft des Vino Nobile zu. Nach mindestens einem Jahr im → **Fass** und insgesamt drei Jahren Reifezeit dürfen die Weine als → **Riserva** in den Verkauf gelangen.

Viognier stark gegen Echten → **Mehltau** anfällige, schwachen → **Ertrag** bringende weiße Rebsorte von der nördlichen → **Rhône** (Condrieu → **AOC**), vor einigen Jahren vor dem Aussterben gerettet. Die Rebfläche war bis auf 14 Hektar zurückgegangen. Inzwischen gehört Viognier zu den Trendsorten für Premium-Weißweine: 100 Hektar an der Rhône, 750 Hektar im → **Languedoc-Roussillon** sowie wachsende Bestände in → **Kalifornien** und → **Australien**. Der Wein erreicht größten Reichtum an → **Körper** und Fülle, er zeigt ein Aroma von Trockenfrüchten und zuweilen geradezu an den → **Traminer** erinnernde Würze.

Vulkangestein meist in verwitterter Form auftretender Bodentyp, ebenso rar wie hochwertig. Bekannte Regionen mit Vulkanböden sind der Kaiserstuhl in → **Baden**, die südliche → **Nahe** sowie die italienische Region Kampanien (→ **Süditalien**). Weine, die auf Vulkanboden gewachsen sind, weisen sehr viel → **Frucht** auf und sind gehaltvoll.

Weinbaupolitik

Weinbau ist ein »long term business«: Alleine das Lebensalter eines Rebstocks beträgt dreißig Jahre und mehr. Daher käme vorausschauender Weinbaupolitik eine wichtige Aufgabe zu. In der Geschichte gibt es leuchtende Beispiele: Der Trierer Kurfürst und Erzbischof Klemens Wenzeslaus erließ 1786 ein Edikt, wonach an der → **Mosel** alle minderwertigen Sorten durch → **Riesling** zu ersetzen seien. Durch eine noch rigidere Pioniertat schrieb sich der Marques de Pombal in die Geschichtsbücher: 1756 legte er nicht nur die zur Produktion von → **Portwein** geeigneten Gebiete exakt fest – er ließ gleich auch noch alle Reben roden, die außerhalb dieser Zone wuchsen.

Gewiss ist es unter manchen Aspekten erfreulich, dass solch absolutistische Maßnahmen heute nicht mehr so leicht durchzuführen sind. Dennoch: Etwas mehr qualitativer Biss täte der Weinbaupolitik beispielsweise in → **Deutschland** gut: Im → **Rheingau** endete die von Produzenten mit guten Absichten begonnene → **Klassifikation** von → **Einzellagen** (→ **Erstes Gewächs**) in einem politischen Kompromiss: Jetzt taugen angeblich 30 Prozent aller Rheingauer Rebflächen zur Produktion solcher Spitzenweine. Unglaubwürdig! Die von der Politik zuletzt stark geförderten markenähnlichen Begriffe »Classic« und »Selection« hingegen dienen vor allem dazu, die Vorschriften für den Gehalt an → **Restzucker** zu lockern: De facto darf sich jetzt ein → **halbtrockener** Wein → **trocken** nennen. Etikettenschwindel!

!!! Auch Verbraucher können Weinbaupolitik machen. Wo und wie man einkauft, ist ein politisches Statement: Wer seinen Wein beim Discounter holt, akzeptiert stillschweigend die Spielregeln der industriellen Weinproduktion, beispielsweise → **Neue Önologische Verfahren**.

Wachau 1400 Hektar kleines, für seine Weißweine weltberühmtes Anbaugebiet in → **Österreich**. Auf nur 20 Kilometern erstrecken sich mehrere hundert, meist oberhalb der Donau nach Süden blickende → **Einzellagen** (→ **Riede**). Die höheren Lagen, deren Böden aus → **Granit** und → **Schiefer** bestehen, sind meist dem → **Riesling** vorbehalten. Auf den mittleren und tiefen Lagen mit → **Löss** und Sand wächst überwiegend → **Grüner Veltliner**. Das im Grundsatz eher milde, doch von beträchtlichen Temperaturschwankungen zwischen Tag und Nacht sowie guter Belüftung geprägte → **Klima** lässt die Trauben sehr reif werden und gestattet es ihnen dabei, aromatische → **Komplexität** zu erlangen. Zu den Stärken der Wachau zählt auch, dass die Erzeuger sehr konsequent nach niedrigem → **Ertrag** streben und mit der Vereinigung »Vinea Wachau« eine funktionierende privat organisierte Qualitätskontrolle installiert haben. → **Smaragd**.

Wallis größter Weinbaukanton der → **Schweiz** (5400 Hektar). Das → **Klima** in unmittelbarer Nähe der Alpen, die steilen, → **Granit**, → **Schiefer** und → **Kalk** aufweisenden Weinberge und die Vielfalt lokaler Rebsorten bilden ein interessantes Ensemble, dessen Potenzial erst in Ansätzen genutzt wird. Denn die beiden verbreitetsten Walliser Weine, der weiße → **Fendant** und der rote, aus → **Pinot noir** und → **Gamay** verschnittene Dôle, werden vor allem deshalb erzeugt, weil sie einfach anzubauen sind: Im Wallis dominieren Hobby-Winzer. Weine aus lokalen oder vom französischen Teil der → **Rhône** stammenden Sorten zeigen jedoch, welche Kraft und Ausdrucksstärke die Weine dieses Tals erreichen können. Die besten Sorten sind: Petite Arvine, Amigne, Marsanne (»Ermitage«), Heida (→ **Traminer**) und Humagne blanche (weiß) sowie Cornalin, Humagne rouge und → **Syrah** (rot).

Weinbaupolitik → **linke Seite**

Weinfehler Geruch oder → **Geschmack**, der die → **Reintönigkeit**, die Harmonie und auch die Fähigkeit eines Weins zur → **Flaschenreife** schmälert. → **Böckser**, → **Essigsäure**, → **Luftton**, → **Ethylacetat**.

Weingrün Zustand eines neuen → **Fasses**, das vor seiner ersten Befüllung mit Säuren und Laugen behandelt und danach kräftig gewässert wurde. Mit dieser Prozedur soll gewährleistet werden, dass keine Aromastoffe aus dem Holz in den Wein übertreten können. Da heute jedoch die Aromen der → **Eiche** im Wein meist willkommen sind, wird in der Regel auf das Weingrünmachen verzichtet.

Weinstein Kristalle, die aus dem Kaliumsalz der Weinsäure bestehen und sich ganz natürlich bilden. In der Regel wird Weinstein vor dem Abfüllen ausgeschieden (einmaliges Abkühlen des Weins ist dazu ausreichend) – doch häufig bilden sich die Kristalle auch erst in einer Flasche. Da sich der Wein problemlos über sie hinweg ausgießen lässt, besteht kein Grund zur Besorgnis.

Weißburgunder auch **Pinot blanc**, **Pinot bianco** aus dem → **Pinot noir** mutierte, im Anbau mäßig anspruchsvolle weiße Rebsorte, die zurückhaltend nach Blüten duftende, elegante, sehr kulinarische Weine hervorbringt. Darüber, ob Weißburgunder in den Weinbergen → **Burgunds** zu finden ist, gibt es widersprüchliche Berichte. Fest steht jedoch, dass die großen Weißweine Burgunds nicht aus Weißburgunder, sondern aus → **Chardonnay** gekeltert werden. In → **Deutschland** und der → **Schweiz** hingegen trifft man mancherorts gelungene → **Cuvées** aus beiden Sorten an. Wichtigste Anbaugebiete: → **Italien** (vor allem im Friaul, im Trentino und in Südtirol: 6000 Hektar), → **Österreich** (3000 Hektar), Deutschland (2900 Hektar), → **Elsass** (wo Pinot blanc nicht vom Auxerrois unterschieden wird: ca. 2500 Hektar).

Weißherbst in → **Deutschland** ein → **Rosé**, der oft aus Trauben bereitet wird, die von → **Botrytis** befallen sind. Da es sich dabei nicht immer um → **Edelfäule** handelt, ist diese Praxis etwas zwielichtig. Der Grat zwischen einem ausladend duftenden, milden Wein, und einem, der seine pilzigen Aromen mit reichlich → **Restsüße** zu kaschieren sucht, ist sehr schmal. In der → **Schweiz** findet man die Bezeichnung zuweilen für einen Weißwein, der aus blauen Trauben bereitet wurde (→ **Rotweinbereitung**).

Winzergenossenschaft Zusammenschluss von Traubenproduzenten mit dem Ziel, gemeinschaftlich Wein herzustellen und zu vertreiben. Während der Weinbaukrise der dreißiger Jahre waren es in vielen Gebieten Europas Genossenschaftsgründungen, die den Weinbau über schlechte Zeiten brachten. Heute könnte die Bedeutung von Genossenschaften darin liegen, dass sie durch die großen verfügbaren Weinmengen eher als Familiengüter in der Lage sind, Exportmärkte zu bedienen. Engagierte Genossenschaften arbeiten daher hart daran, den qualitativen Ehrgeiz ihrer Mitglieder zu steigern. Immerhin lassen sich in den Sortimenten von Genossenschaften zuweilen gute Weine zu attraktivem Preis finden.

Württemberg viertgrößtes Anbaugebiet → **Deutschlands** (11400 Hektar), außer dem Tal der → **Ahr** das einzige, in dem rote Trauben dominieren. Allerdings werden mit → **Trollinger** und → **Schwarzriesling** überwiegend Sorten angebaut, die kaum für tiefgründige, lagerfähige Rotweine in Betracht kommen. Daher gilt das Augenmerk der besten Produzenten verstärkt → **Lemberger**, der Schwarzriesling-Mutation Samtrot sowie jüngst auch wieder dem → **Spätburgunder**. Der → **Riesling** fällt weniger elegant aus als in anderen deutschen Anbaugebieten und nur sehr selten mineralisch.

Wurzelecht ohne → **Unterlage** gepflanzt. Nur in wenigen Regionen der Welt wachsen → **Europäerreben** noch auf ihren eigenen Wurzeln. Seit der Invasion der → **Reblaus** werden die Sorten, deren Trauben man zur Weinbereitung verwenden möchte, auf resistente Wurzeln gepfropft. Wurzelechte Rebstöcke können nur in wenigen Gebieten überleben. Ein paar → **Einzellagen** an der → **Ahr** gehören dazu, auch solche im Aosta-Tal im Norden → **Italiens**, vor allem aber große Rebflächen in → **Chile**.

Zinfandel rote Traube, die in → **Kalifornien** Weine mit opulenter → **Frucht** und sehr hohem Alkoholgehalt hervorbringt, 18 000 Hektar. Zinfandel ist von der italienischen Sorte → **Primitivo** genetisch nicht unterscheidbar. Da er jedoch in den → **USA** eine eigene Geschichte besitzt (unter anderem begleitete er Mitte des 19. Jahrhunderts den Goldrausch) und auch, da sich in Kalifornien ein eigener Stil entwickelt hat, wehren sich Kaliforniens Winzer dagegen, dass auch Italiens Winzer den Namen Zinfandel verwenden dürfen.

Zisterzienser christlicher Orden, 1098 in → **Burgund** gegründet, der seine Angehörigen zu einem Leben in Armut und dem Gebot »ora et labora« (»bete und arbeite!«) verpflichtet. Zisterzienser-Mönche haben die Geschichte des europäischen Weinbaus stark geprägt. Sie widmeten sich im Hoch- und Spätmittelalter zahlreichen Zweigen der Landwirtschaft mit großer Hingabe und vollbrachten gerade im Weinbau bemerkenswerte Pionierleistungen: Einige der unwegsamsten → **Einzellagen** wurden durch sie urbar gemacht, beispielsweise die → **Steillage** Dézaley am Genfer See. In → **Österreich** verbreiteten die Zisterzienser den Weinbau im → **Burgenland** und im Kamptal. In → **Deutschland** wirkten sie unter anderem im → **Rheingau** und legten die Weinberge am Elbhang bei

Dresden (→ **Sachsen**) an. Auch in → **Spanien** und → **Portugal** waren sie aktiv. Unweit ihres Heimatklosters Cîteaux unterhielten die Zisterzienser im heutigen → **Grand cru** → **Clos** de Vougeot die erste Versuchsstation für Weinbau.

Zucker Gruppe von Kohlehydraten. In reifen Trauben sind vor allem die Zuckerarten Glucose (Traubenzucker) und Fructose (Fruchtzucker) vorhanden. Beide Zucker werden während der → **Gärung** umgewandelt. Soll ein Wein → **Restzucker** aufweisen, streben viele → **Önologen** vor allem danach, die Fructose zu erhalten: Dieser Zucker hat einen besonders süßen → **Geschmack**. Doch selbst in einem völlig → **durchgegorenen** Wein liegen noch immer Zuckermoleküle vor. Sie wurden nicht vergoren, weil sie an andere Substanzen, beispielsweise Aromastoffe, gebunden sind. Werden während der → **Flaschenreife** solche »glycosidisch gebundenen« Moleküle gespalten, gewinnt der Wein an Aroma und an → **Süße** zugleich.

Zweigelt rote → **Neuzüchtung** aus → **Österreich**, 1922 aus Blaufränkisch (→ **Lemberger**) und Sankt Laurent gekreuzt. Zweigelt erbringt einen dunklen Wein mit reichlich → **Farbe** und → **Tannin**. Bei guter Reife der Trauben kann er jedoch auch ansprechende → **Frucht** und Stil zeigen. 4500 Hektar in Österreich.

Zweitwein Nebenprodukt prestigereicher Weingüter, vor allem in → **Bordeaux**. Für den Zweitwein wird der → **Ertrag** junger Reben genutzt (deren Wein noch etwas Tiefgang fehlt), doch auch sonstiger Wein des Guts, der bei der → **Assemblage** des »Grand Vin« keine Verwendung fand, fließt in ihn ein. Zweitweine kosten meist weniger als die Hälfte als der Prestigewein desselben Erzeugers. Gerade in guten → **Jahrgängen** bieten sie oft sehr hohe Qualität zu moderatem Preis.

Impressum

Projektleitung: Marc Strittmatter
Redaktion: Margarethe Brunner
Lektorat: Susanne Bodensteiner
Gestaltung (innen): independent Medien-Design, München, Kathrin Schemel
Gestaltung (Umschlag): KMS Team GmbH, München
Titelfoto: Stefan Braun
Fotos: Stefan Braun Cover, STOCKFOOD/CEPHAS S. 8, 46; Hans Peter Siffert S. 18, 20, 72, 84, 114.
Herstellung: Maike Harmeier
Satz: Filmsatz Schröter, München
Repro: Repro Ludwig, Zell am See
Druck und Bindung: L. Auer, Donauwörth

ISBN: 3-7742-6490-2

Auflage:	5.	4.	3.	2.	1.
Jahr:	2008	07	06	05	04

Hallwag

GRÄFE UND UNZER

Ein Unternehmen der
GANSKE VERLAGSGRUPPE

IMPRESSUM